미니멀리즘적
쾌락주의

Minimalis Hedonism

미니멀리즘적 쾌락주의

에피쿠로스 원저
제이한(J.Han) 지음

불필요한 욕망을 줄이고, 마음의 평온을 얻는 삶

리프레시

목 차

프롤로그 : 에피쿠로스를 다시 꺼내드는 이유 - 8

쾌락은 고통의 부재 - 10

1장 쾌락이라는 단어가 불편한 당신에게

- 왜 쾌락은 오해받아 왔는가 - 13
- 방종이 아니라 절제의 철학 - 17
- 쾌락주의자라는 삶의 태도 - 21

2장 고통을 피하는 것이 먼저다

- 고통 없는 상태가 쾌락이다 - 29
- 몸의 고통 vs 마음의 고통 - 33
- 불안, 두려움, 비교심에서 벗어나는 법 - 37

3장 욕망을 세 가지로 분류하라

- 자연적이고 필수적인 욕망 - 47
- 자연적이지만 불필요한 욕망 - 50
- 부자연스럽고 해로운 욕망 - 54

4장 덜어내야 보인다

- 물질적 미니멀리즘을 넘어서 - 63
- 가진 것이 적을수록 자유롭다 - 68
- 꼭 필요한 것만 남기는 법 - 73

5장 마음의 평온, 아타락시아

- 아무것도 흔들지 않는 상태 - 83
- 평온을 깨뜨리는 감정의 덫 - 88
- 마음을 지키는 철학적 훈련 - 93

6장 함께 나누는 쾌락, 우정

- 쾌락은 혼자만의 것이 아니다 - 103
- 관계가 나를 무너지게 할 때 - 108
- 좋은 사람 한 명이면 충분하다 - 113

7장 죽음을 두려워하지 않는 삶

- 왜 우리는 죽음을 그렇게 무서워할까? - 123
- 죽음을 받아들일 때 비로소 삶이 단순해진다 - 126
- 지금 이 순간을 충분히 사는 법 - 130

8장 단순한 삶이 주는 기쁨

- 진짜 중요한 것은 언제나 조용하다 - 139
- 자유는 덜어낸 자의 특권이다 - 142
- 평온은 결국 돌아가는 길이다 - 146

9장 쾌락을 지켜내는 기술

- 조용한 철학이 요란한 세상에서 살아남는 법 - 155
- 흔들림 속에서도 중심을 지키는 법 - 158
- 나만의 쾌락을 지키는 질문들 - 161

10장 나만의 쾌락 철학을 세운다는 것

- 철학은 결국 '나의 문장'이 되어야 한다 - 169
- 쾌락의 기준, 삶의 루틴으로 만들기 - 172
- 철학을 꺼내 쓰는 순간들 - 175

에필로그 : 에피쿠로스와 헨리 데이비드 소로의 철학 대담 - 182

프롤로그

에피쿠로스를 다시 꺼내드는 이유
'잘 살기'를 고민하는 시대의 철학

우리는 지금, '많이 가지는 삶'이 반드시 좋은 삶이라는 믿음에서 서서히 벗어나고 있습니다. 수많은 물건과 정보, 끝없는 목표 속에서 지친 사람들은 이제 물러나기 시작합니다. 버리고, 줄이고, 비우면서도 여전히 삶의 충만함을 느끼고 싶어합니다. 바로 그 지점에서 에피쿠로스의 철학이 다시 호명됩니다.

에피쿠로스는 고대 그리스의 대표적인 쾌락주의자였습니다. 그러나 사람들이 흔히 떠올리는 '즐기고 놀기 바쁜 인생'과는 거리가 멉니다. 그가 말한 쾌락은 소란스럽고 요란한 것이 아니라, 조용하고 깊은 평온함이었습니다.

"우리가 추구해야 할 쾌락은 술과 연회를 즐기는 것도, 육체적인 쾌락에 빠지는 것도 아니다. 그것은 이성과 사유에 근거해 고통을 없애고, 영혼의 동요를 잠재우는 삶이다."

에피쿠로스가 말한 쾌락은 욕망을 채우는 것이 아니라, 불필요한 욕망으로부터 자유로워지는 것입니다. 적게 바라고, 적게 소유하고, 적게 흔들릴수록 오히려 우리는 더 많이 평온해질 수 있습니다.

이 책은 바로 그 철학을 오늘날의 언어로 다시 정리해보려는 시도입니다. 에피쿠로스가 말했던 단순하고 평온한 쾌락의 철학을, 미니멀리즘과 접목해 우리의 일상 속에 풀어냅니다.

우리는 지금 쾌락이 필요합니다. 그러나 그것은 자극적이고 일회적인 쾌락이 아닙니다. 오래도록 지속되고, 삶을 편안하게 해주는 깊은 쾌락입니다. 이 책은 그 조용한 쾌락을 향해 가는 여정입니다. 불필요한 것을 덜어내고, 진짜 나 다운 삶을 찾아가는 데 도움이 되길 바랍니다.

쾌락은 고통의 부재

모든 선하고 나쁜 것은 쾌락과 고통의 지각에서 오는 것

에피쿠로스는 쾌락을 삶에서 최고의 '선'으로 보았고 그것은 감각적 향락이 아니라 고통과 불안이 없는 평온한 상태였다. 그는 선과 악의 기준을 쾌락과 고통의 감각에서 찾았으며 즐거움보다 고통을 줄이는 선택을 더 중요하게 여겼다. 그의 철학은 죽음의 공포나 신의 응보로부터 자유로운 마음의 평화 '아타락시아'에 이르는 것을 목표로 했다.

에피쿠로스의 사상은 의사 아스클레피아데에 의해 의학에 접목되었고, 고통 없는 치료와 인도적인 정신치료 방식에 영향을 주었다. 그는 지나친 욕망과 방종이 오히려 고통을 부른다고 경고하며 사랑보다 믿을 수 있는 우정이 평온한 삶에 더 도움이 된다고 말했다. 또한 죽음은 감각이나 의식이 없어 우리에게 아무런 영향을 줄 수 없으므로 두려워할 대상이 아니며, 중요한 것은 지금 이 순간을 충실히 살아가는 것이라고 강조했다.

1장
쾌락이라는 단어가 불편한 당신에게

왜 쾌락은 오해받아 왔는가

"쾌락주의자라고요? 그런 말 들으면 뭔가 위험해 보이지 않나요?"

이 말은 쾌락이라는 단어를 꺼냈을 때 가장 자주 들었던 반응 중 하나였다. 많은 사람들에게 쾌락은 무절제함이나 방종, 책임감 없는 삶의 대명사처럼 여겨진다. 쾌락주의자라는 단어에는 유쾌함보다는 어딘지 모르게 위험하고 자기중심적인 뉘앙스가 따라붙는다. 그러나 과연 이 감정은 어디서 비롯된 것일까? 왜 우리는 쾌락이라는 단어를 이렇게 조심스럽게 다루게 되었을까?

그 이유를 찾기 위해서는 철학과 종교의 역사로 잠시 눈을 돌릴 필요가 있다. 먼저 고대 그리스 시대를 살펴보자. 그리스 철학에는 대표적으로 두 가지 윤리적 방향이 있었다. 하나는 스토아학파, 다른 하나는 에피쿠로스학파다. 스토아학파는 이성과 금욕, 덕을 중시했고, 고통을 감내하고 감정을 억제하는 삶을 이상으로 삼았다. 반면 에피쿠로스학파는 쾌락을 최고의 선으로 보며 고통을 줄이는 삶을 지혜로운 삶이라 여겼다.

문제는 여기서부터다. 스토아 철학자들은 에피쿠로스의 철학을 반박하기 위해 의도적으로 '쾌락주의'를 왜곡해서 설명했다. 이들은 에피쿠로스의 철학을 감각적 욕망만을 추구하는 천박한 철학이라고 공격했고, 그 결과 '쾌락주의'는 스토아식 삶의 대척점으로 자리 잡게 되었다. 물론 그것은 표면적인 구도였고, 실제로는 에피쿠로스의 철학이 훨씬 더 정제되고 사유에 기반한 체계임을 그들도 알고 있었다. 하지만 논쟁에서는 언제나 자극적인 이미지가 더 강하게 남는 법이다.

이후 기독교의 금욕주의가 그 이미지를 더욱 고착시켰다. 신의 뜻에 복종하고 육체적 욕망을 억제하는 것을 미덕으로 본 중세 기독교는 인간의 몸을 타락한 것으로 여겼다. 쾌락은 유혹이었고 그 유혹을 거부해야 구원이 가능하다고 믿었다. 성 아우구스티누스조차 젊은 시절 쾌락을 탐했던 삶을 깊이 뉘우치며 '욕망을 자제하지 않는 것은 곧 영혼의 병'이라고 말했다. 이러한 관점은 서구 문화 전반에 깊이 스며들었고, 이후 수백 년 동안 '쾌락'은 죄의 문, 이성의 적, 타락의 근원이라는 이미지로 고착되었다.

이러한 역사적 오해와 왜곡은 단지 철학의 영역에 머물지 않았다. 우리의 일상 속에서도 '쾌락'은 금기시되는 단어가 되었다. 일에 몰두하는 사람은 '성실하다'고 평가받지만, 쉬는 시간을 중시하는 사람은 '게으르다'고 낙인 찍힌다. 자기 욕망을 솔직하게 말하는 사람은 '이기적'이라 불리고, 욕망을 억누르는 사람은 '성숙하다'고 여겨진다. 우리는 어느 순간부터 쾌락을 삶에서 추방한 채 살아왔고, 그 공백을 스트레스, 불안, 중독으로 메꾸게 되었다. 하지만 그 모든 오해를 걷어내고 다시 읽어보면, 에피쿠로스의 철학은 실로 놀랍도록 단순하고 따뜻하다.

"쾌락이란 고통이 없는 상태, 영혼이 동요하지 않는 상태이다."

이 말은 쾌락이 어떤 감각의 과잉이나, 욕망의 탐닉이 아니라는 점을 분명히 해준다. 에피쿠로스는 화려한 식탁보다는 소금 한 줌과 빵 한 조각, 시끄러운 연회보다는 친구들과의 조용한 대화를 더 귀하게 여겼다. 그는 육체의 고통이 없고, 마음이 걱정으로 흔들리지 않는 상태야말로 인간이 누릴 수 있는 최고의 쾌락이라 보았다. 그가 지은 학교의 이름이 '정원의 철학'이었던 것도 그 때문이다. 그의 철학은 숲 속을 거니는 산책처럼 조용하고, 햇빛에 젖은 나뭇잎처럼 고요한 것이었다.

지금 우리에게 필요한 쾌락도 바로 그것이다. 수많은 자극 속에서 헤매다 지친 우리에게 필요한 것은 덜 자극적이지만 더 지속되는 평온, 더 깊은 집중과 쉼, 그리고 내 욕망을 나 스스로 이해하고 다루는 능력이다. 쾌락은 방종이 아니다. 오히려 그것은 자기 내면과 욕망에 대한 깊은 이해에서 비롯된 절제된 삶의 미학이다.

에피쿠로스는 쾌락을 구하되 쾌락에 중독되지 않는 사람이었다. 그리고 오늘의 우리 역시 쾌락을 다시 배워야 하는 시대에 살고 있다.

방종이 아니라 절제의 철학

"쾌락주의자는 욕망을 조절하지 못하는 사람이다."

이 말은 너무 자주 반복되어 이제는 하나의 고정관념처럼 받아들여진다. 그러나 에피쿠로스를 실제로 읽어보면 이와 정반대의 모습을 마주하게 된다. 그는 욕망을 끝없이 쫓는 삶을 경계했고, 오히려 쾌락을 얻기 위해 가장 먼저 해야 할 일이 '욕망을 줄이는 것'이라고 말했다.

에피쿠로스가 살던 시대에도 쾌락을 쫓는 사람들이 분명히 있었다. 그러나 그들은 순간적인 자극에만 집착하며 끊임없이 감각을 만족시키려 했고, 결국 더 큰 불안과 고통에 시달리곤 했다. 에피쿠로스는 그들을 '미련한 쾌락 추구자'라 부르며 분명히 선을 그었다.

"무한한 욕망을 쫓는 자는 절대 만족하지 못한다. 왜냐하면 그 욕망은 충족되더라도 다시 목마름을 낳기 때문이다."

진정한 쾌락주의자는 욕망을 따라 움직이는 사람이 아니라 욕망을 점검하고 선택할 줄 아는 사람이다. 우리는 대개 욕망이 생기면 곧바로 충족시키려 한다. 배가 고프면 음식을 찾고, 지루하면 스마트폰을 열고, 외로우면 사람을 만나려고 한다. 그러나 그 욕망이 자연스럽고 필요한 것인지, 아니면 단지 익숙한 반응일 뿐인지는 생각해보지 않는다. 에피쿠로스는 이 차이를 매우 중요하게 여겼다.

그는 욕망을 세 가지로 나누었는데,

첫째, 자연적이고 필수적인 욕망

둘째, 자연적이지만 필수적이지 않은 욕망

셋째, 부자연스럽고 해로운 욕망

예를 들어, 배고픔을 해소하려는 욕망은 자연적이고 필수적이지만, 반드시 고급 음식을 먹어야 한다는 욕망은 자연적이되 필수적이지 않다. 명예나 권력처럼 사회적으로 주입된 욕망은 부자연스럽고 종종 고통을 낳는다.

에피쿠로스는 이 세 가지 욕망 중 첫 번째만 충족시키면 충분하다고 했다. 그렇게 하면 몸은 건강하고, 마음은 평온하고, 욕망은 더 이상 번지지 않기 때문이다.

현대인의 삶은 대부분 두 번째와 세 번째 욕망의 집합체로 구성되어 있다. 우리는 단지 배가 고픈 것이 아니라 '맛집'을 찾아야 하고, 잠을 자는 것만으로는 충분치 않아 '숙면템'을 구입해야 하며, 사회적 관계는 그냥 유지하는 것이 아니라 '존경받는 사람'이 되어야 한다는 강박에 시달린다. 그러나 이러한 욕망의 확장은 우리의 삶을 피곤하게 만들고, 만족의 기준은 점점 더 바깥으로 밀려난다.

에피쿠로스는 그러한 삶을 '쾌락의 탈을 쓴 고통'이라 불렀다. 욕망을 줄이는 것, 필요한 만큼만 소유하는 것, 그리고 그 안에서 기쁨을 찾는 것이야말로 진정한 쾌락의 길임을 그는 역설했다. 그는 절제 없는 쾌락은 오래가지 않으며, 오히려 더 큰 결핍을 만들어낸다고 믿었다.

"가장 즐겁게 사는 사람은 가장 적게 필요로 하는 사람이다."

에피쿠로스가 살던 집은 작고 단출했으며 그가 지은 철학

학교 '정원(Garden)'은 외부의 화려함 대신 내적인 평온을 강조하는 공간이었다. 그는 친구들과 함께하는 단순한 식사, 사색을 위한 조용한 시간, 병 없이 잠드는 하루를 최고의 삶이라고 여겼다. 이러한 철학은 한때 유행했던 '미니멀리즘'이나 '소확행'과도 닮아 있다. 단지 물건을 줄이는 것이 아니라, 욕망을 정리하고, 나를 과도하게 흔드는 자극과 거리를 두는 방식이라는 점에서 특히 그렇다.

우리는 쾌락주의를 오해해왔다. 쾌락을 추구한다는 것은 자제하지 않는다는 뜻이 아니다. 오히려 그것은 절제의 가장 지혜로운 형태다. 필요하지 않은 것을 스스로 판단해 내려놓을 수 있는 사람만이, 평온함이 무엇인지 진짜로 알게 된다.

쾌락주의자라는 삶의 태도

에피쿠로스는 자신이 쾌락주의자임을 숨기지 않았다. 그는 그렇게 불리기를 원했고, 스스로를 '쾌락의 철학자'라고 부르기를 주저하지 않았다. 그러나 그가 말한 '쾌락주의자'는 우리가 흔히 떠올리는 그것과는 완전히 다른 존재다. 그는 단순히 욕망을 따르는 사람이 아니라, 욕망을 관리하고, 고통을 피하고, 평온을 지키는 법을 아는 사람이었다.

에피쿠로스에게 있어 쾌락주의자는 자기 삶의 주인이 된 사람이다. 그는 외부의 기준이 아니라 내면의 기준으로 만족과 의미를 정의하는 사람, 쉽게 흥분하지 않고 쉽게 낙담하지 않으며, 스스로를 보살필 줄 아는 사람이다.

"쾌락을 가장 잘 아는 자는, 욕망을 가장 덜 느끼는 자다."

그는 쾌락을 단기적 자극이 아닌 장기적 평온으로 보았다. 우리가 흔히 쾌락을 이야기할 때 말하는 '재미'나 '흥분'은 시간이 지나면 금세 식거나 새로운 자극을 갈구하게 만든다. 반면 에피쿠로스는 그런 순환에서 벗어날 수 있는 조용한 기쁨, 심신의 안정, 불안과 고통의 부재를 더 귀하게 여겼다.

그가 추구한 삶은 언제나 이렇게 물었다.

"이것이 나를 평온하게 하는가, 아니면 더 많은 욕망으로 내몰고 있는가?"

오늘날 우리에게도 이 질문은 유효하다. 우리는 하루에도 수십 번 비교당하고, SNS를 통해 자극받으며, 끝없는 선택지 앞에서 자신이 부족하다고 느낀다. 이 모든 혼란 속에서 진정한 쾌락은 점점 더 멀어진다. 그러나 쾌락주의자는 그런 세계에서 잠시 벗어나 자기만의 리듬을 회복한 사람이다. 그는 소비의 속도에서 벗어나고, 자기 욕망을 알아차리고, 조용한 공간을 찾아낸다. 그것은 멀리 떠나는 여행이 아니라, 내 삶을 다시 배열하고, 내가 어떤 방식으로 살아가고 싶은지를 새로 묻는 행위다.

에피쿠로스는 일상 자체를 철학으로 여겼다. 그는 매일의 삶을 관찰했고, 친구들과 나눈 대화를 중요하게 생각했으며, 어떤 음식을 먹고 어떤 감정을 느꼈는지를 돌아보았다. 그에게 철학은 책장에 꽂혀 있는 것이 아니라 하루를 살아내는 방식 속에 스며들어야 하는 것이었다. 쾌락주의자란 이런 사람이다.

무엇을 '더 많이' 얻는 사람이라기보다, 무엇을 '덜 바라며' 살아갈 수 있는 사람.

그는 삶이 주는 고통을 피하는 법을 알고 있고, 작은 기쁨에 감사를 느끼며, 자기 삶을 스스로 이끌 수 있는 사람이다. 그런 점에서 쾌락주의자는 단순히 즐기는 자가 아니라, 깊이 있는 자, 스스로를 지키는 자, 삶의 본질을 아는 자다.

Epicurus
【 에피쿠로스의 통찰 】

- 쾌락은 방종이 아닌, 고통 없는 평온이다.
- 필수적 욕망만 충족하는 삶이 진정한 쾌락을 만든다.
- 쾌락주의자는 욕망을 따르기보다 관리한다.
- 절제와 내면의 기준이 쾌락의 핵심이다.
- 자극이 아닌 평온을 추구하는 삶이 쾌락주의다.

Question

스스로에게 질문해보기

- **쾌락이라는 단어를 들었을 때 어떤 감정이 드는가?**

부끄러움? 죄책감? 혹은 부정적인 인식?

- **일상 속에서 나는 어떤 욕망에 반응하고 있는가?**

음식, 관계, 인정, 성취, 소비, 정보 중 어떤 영역에서 자주 흔들리는가?

- **'더 많이 갖고 싶은 욕망'과 '덜어내고 싶은 욕망'이 동시에 존재할 때, 어떤 쪽을 선택해 왔는가?**

그 선택은 나를 평온하게 만들었는가, 아니면 더 불안하게 만들었는가?

- **자신의 삶의 기준을 가지고 살아가고 있는가?**

내가 바라는 삶의 리듬은 무엇이며, 지금 나는 그것을 따르고 있는가?

Action

직접 실천해보기

- 지금 내 안에서 가장 강하게 작동하고 있는 욕망 5가지를 적고, 아래 3가지 중 어떤것인지 분류해보자
- 자연적이고 필수적인 것
- 자연적이지만 불필요한 것
- 부자연스럽고 해로운 것

- 불필요하다고 판단된 욕망 하나를 잠시 멀리해보고 느껴지는 변화(불안, 해방감, 충동 등) 기록해보기

- 잠들기 전 '쾌락주의자 질문' 한 가지 정해두기

"나는 오늘 욕망을 따라 살았는가, 아니면 평온을 따라 살았는가?"

2장

고통을 피하는 것이 먼저다

고통 없는 상태가 쾌락이다

에피쿠로스 철학을 이해하기 위해 가장 중요한 개념은 바로 '쾌락은 고통의 부재다'라는 정의다.

"쾌락은 몸에 고통이 없고, 영혼이 평온한 상태에 있다."

이 말은 단순한 부정의 철학이 아니다. 그것은 쾌락을 수동적이고 수렴적인 개념으로 재정립한 선언이었다. 쾌락을 더 얻는 것이 아니라 고통을 덜어내는 것에서 시작하자는 철학. 우리는 무엇인가를 채우는 방식으로 행복을 추구하지만 에피쿠로스는 그 반대로 간다.

"덜어낼수록 더 평온해진다."

이는 고통을 극복의 대상이 아닌 피할 수 있는 것으로 바라본 점에서 독특하다. 우리는 흔히 고통을 견뎌야 하는 것으로 배운다. 인내를 미덕으로 여기며 성장하려면 반드시 고통이 필요하다고 믿는다. 하지만 에피쿠로스는 그 믿음에 질문을 던진다.

"삶은 고통의 연속이어야 하는가?", "고통을 견디는 것만이 성숙한 것인가?"

그는 몸의 고통이든 마음의 고통이든 가능한 한 그것을 줄이고 피하려는 것이 지혜라고 본다. 무조건 참기보다 어떻게 고통이 생겨나는지를 살펴보고 그것을 미리 피하는 삶의 기술이야말로 현명하다고 생각했다. 이 점에서 그는 단순히 쾌락주의자가 아니라 예방의 철학자였다.

예를 들어보자. 몸이 피곤하다는 신호를 무시한 채 과도한 업무를 계속하는 사람은 결국 병에 걸리고 나서야 멈춘다. 에피쿠로스는 이럴 때 이렇게 말할 것이다.

"왜 그 고통을 미리 피하지 않았는가?"

불안한 인간관계를 억지로 유지하고 끝없는 기대와 실망을 반복하며 지친 사람에게도 마찬가지다.

"그 고통을 당연한 것으로 받아들이지 말라. 그것이 진짜 필요한 관계인지 다시 묻는 것이 더 철학적이다."

그는 우리에게 '무더짐'을 경계하라고 말한다. 고통에 너무 익숙해진 나머지 그것을 당연시하거나 자기 삶의 일부로 받아들이는 순간, 우리는 '쾌락'이 무엇인지조차 잊게 되기 때문이다. 에피쿠로스의 철학은 바로 그 망각에서 우리를 깨운다.

"고통 없는 삶은 가능하다. 그 가능성을 회복하라."

그렇다고 해서 에피쿠로스가 '고통 제로'를 꿈꾼 것은 아니다. 그는 오히려 모든 고통을 피할 수는 없다는 것을 인정했다. 다만 그는 필요한 고통과 불필요한 고통을 구분해야 한다고 강조했다. 예컨대, 잠시의 절제에서 오는 불편함은 장기적 평온을 위한 필수적인 고통일 수 있지만, 반복되는 인간관계의 갈등이나 불필요한 소비에서 오는 고통은 피할 수 있는 것이라고 본 것이다.

오늘날 우리가 경험하는 고통 중 많은 부분은 불필요한 기대, 과도한 경쟁, 끊임없는 비교에서 비롯된다. 그리고 그 고통은 우리 삶에 침투해 어느새 익숙한 배경처럼 자리잡는다.

그러나 그것은 본래 삶의 일부가 아니었다. 삶은 그보다 훨씬 단순하고, 조용하고, 가벼울 수 있다. 에피쿠로스는 그런 삶의 가능성을 믿었다.

"쾌락을 느끼는 가장 좋은 방법은, 고통이 사라졌음을 아는 것이다."

우리는 어쩌면 쾌락을 잘 모르는 것이 아니라 고통에 너무 익숙해져서 쾌락을 감지할 수 없는 상태일지도 모른다. 이 장에서 우리가 처음 되짚어야 할 질문은 이렇다.

지금 나의 고통은, 정말 견뎌야만 하는 것인가?

몸의 고통 vs 마음의 고통

우리는 고통을 느낄 때, 흔히 가장 먼저 떠올리는 건 '육체적인 아픔'이다. 배가 아프거나, 다리를 삐거나, 치통이 오거나. 몸의 고통은 즉각적으로 다가오고 비교적 명확하게 인식된다. 그래서 우리는 그것을 피하거나 치료하려는 데 익숙하다. 하지만 마음의 고통은 그렇지 않다. 그것은 더 느리고, 더 모호하게 찾아오며, 때로는 자각조차 어렵다. 에피쿠로스는 이 점에 주목했다. 그는 몸의 고통보다 영혼의 고통이 더 오래 지속되고 삶을 더 깊이 흔든다고 보았다.

"몸의 고통은 일시적이다. 그러나 영혼의 고통은 우리가 그것을 어떻게 생각하느냐에 따라 영원할 수도 있다."

에피쿠로스에게 고통은 단지 육체적 감각이 아니었다. 오히려 삶을 방해하는 심리적 불안, 두려움, 미련, 집착, 죄책감같은 감정들이 더 깊은 고통의 원천이라고 보았다. 특히 죽음에 대한 공포, 신에 대한 두려움, 욕망을 채우지 못할 때의 불안정함은 인간을 끊임없이 흔들고 괴롭게 만든다고 지적했다. 현대의 언어로 바꾸자면 우리는 하루에도 수십 번 마음의 고통을 겪는다.

- 과거의 실패를 곱씹으며 자책하거나
- 미래에 일어날지도 모를 일을 상상하며 불안해하고
- 누군가의 시선이나 말 한마디에 마음이 휘청거린다.

이런 고통은 겉으로 드러나지 않지만 내면을 파고들고 삶 전체를 잠식한다. 그리고 무엇보다 문제는 이 고통이 스스로 자라난다는 점이다. 우리의 생각과 해석, 반추와 추측은 고통을 증폭시키는 가장 강력한 자극제다.

에피쿠로스는 이런 마음의 고통을 줄이기 위해 철학이 필요하다고 믿었다. 그는 이렇게 말한다.

"철학은 영혼의 의술이다."

육체가 병들면 약과 의사가 필요하듯, 마음이 병들었을 때는 사유와 판단이 필요하다는 것이다.

에피쿠로스가 제안한 방법은 명확하다.

- 먼저 고통을 구성하는 생각을 들여다본다.
- 그 생각이 자연적이고 피할 수 없는 것인지, 사회적 기준과 잘못된 신념에서 비롯된 것인지를 구분한다.
- 불필요한 생각을 제거하고, 삶의 기준을 다시 정립한다.

누군가 내 말에 반응하지 않았다는 이유로 '나는 무시당한 것 같아'라는 감정이 올라왔다고 하자. 그 감정은 '항상 주목받아야 한다'는 욕망과 연결되어 있을 수 있다. 그리고 그 욕망은 자연적인 것이 아니라 비교와 인정욕구에서 자라난 것일 가능성이 높다. 에피쿠로스라면 이렇게 말했을 것이다.

"그 욕망이 없다면, 그 고통도 없어진다."

에피쿠로스는 생각을 정리하는 훈련이 마음의 고통을 줄이는 가장 중요한 철학적 실천이라고 믿었다. 그래서 그는 스스로에게 반복해서 질문하길 권했다.

- 지금 이 고통은 진짜 나에게 필요한가?
- 이 불안은 사실에 근거한 것인가, 상상에 불과한가?
- 나의 욕망은 자연스러운가, 아니면 학습된 것인가?

그는 단순한 명상가가 아니었다. 그는 삶의 모든 순간을 철학의 렌즈로 다시 해석하고 정리하려 했던 철저한 관찰자였다. 그리고 그 정리는 단지 사유의 결과로 끝나지 않고, 행동의 전환으로 이어져야 진짜 효과를 발휘한다고 보았다.

에피쿠로스의 철학은 오늘날 심리치료의 원리와도 통하는 면이 많다. 인지행동치료(CBT)에서는 부정적 감정을 일으키는 자동적인 생각을 관찰하고, 그것을 다른 방식으로 해석함으로써 감정을 조절할 수 있다고 본다. 에피쿠로스는 이미 2천 년 전, 이 원리를 자신의 방식으로 실천하고 있었다.

그는 우리에게 이렇게 묻는다.

"고통은 어디서 오는가? 그것은 지금 내게 반드시 필요한가?"

몸이 아플 땐 우리는 병원을 찾는다. 그러나 마음이 아플 땐, 우리는 종종 참는다.

"참지 말고, 사유하라."

이것이 에피쿠로스식의 치료법이다.

불안, 두려움, 비교심에서 벗어나는 법

 에피쿠로스는 인간의 고통 중에서 가장 끈질기고 해로운 세 가지를 꼽았다. 불안, 두려움, 그리고 비교에서 비롯된 마음의 흔들림. 그는 이 세 가지가 쾌락을 가로막는 가장 큰 장벽이며 삶을 왜곡하는 심리적 근원이라고 보았다.

 그가 말하는 쾌락은 단지 자극의 문제가 아니었다. 그것은 마음이 어떤 상황에서도 흔들리지 않고, 조용히 머물 수 있는 상태였다.

 "쾌락의 핵심은 아타락시아(ataraxia), 즉 영혼의 평정에 있다."

불안: 아직 오지 않은 것에 대한 과도한 상상

에피쿠로스는 '불안'이 인간이 자초한 고통이라고 보았다. 왜냐하면 대부분의 불안은 실제 현실이 아니라 가상의 미래에서 비롯되기 때문이다. 우리는 일어나지 않은 일을 계속해서 상상하며 그 가능성들 중 가장 나쁜 시나리오를 마음속에서 시뮬레이션한다.

- "내일 발표가 망하면 어떡하지?"
- "이 일이 실패하면 인생이 끝나는 거 아닐까?"
- "내가 저 사람보다 뒤처진 건 아닐까?"

이 모든 걱정은 아직 '현실이 아닌 것'들이다. 에피쿠로스는 이런 불안을 철학적으로 해체하려 했다. 그는 자연의 한계를 인식함으로써 불안을 줄일 수 있다고 말한다. 다시 말해, 우리는 인간으로서 모든 것을 통제할 수 없다는 사실을 인정해야 한다는 것이다. 불안을 줄이는 방법은 무엇인가?

- 예측이 아닌 지금 이 순간에 집중하는 것
- 가능성보다 사실에 근거한 사고를 하는 것
- 통제가 불가능한 것을 놓아주는 연습을 하는 것

그는 이렇게 말한다.

"무엇을 피할 수 없는가? 죽음. 무엇을 다 피할 수 있는가? 스스로 만들어낸 두려움."

두려움: 죽음과 신이라는 그림자

에피쿠로스 철학의 위대함은 '죽음'에 대한 새로운 태도에서 극명하게 드러난다.

"죽음은 우리에게 아무것도 아니다. 우리가 있을 때 죽음은 없고, 죽음이 왔을 때 우리는 없다."

이 한 줄은 그의 철학 전체를 응축한 결정체다. 그는 죽음에 대한 공포는 '경험할 수 없는 것에 대한 과장된 상상'에서 비롯된다고 보았다. 죽음은 결핍도 아니고, 벌도 아니며, 단지 감각이 사라지는 상태, 즉 '아무것도 아님'이다.

그는 당시 사람들이 죽음을 두려워하는 이유가 대부분 신의 심판이나 사후의 고통 때문이라는 점에 주목했다. 그리고 이것은 종교가 사람들을 지배하는 가장 강력한 도구라고 보았다. 에피쿠로스는 이 두려움을 없애기 위해 철학이 필요하다고 강조했다. 신은 존재하되, 인간의 삶에 간섭하지 않는다.

"불멸하고 완전한 존재는 결코 화를 내거나 벌을 주지 않는다. 그것은 인간의 왜곡된 상상일 뿐이다."

죽음과 신을 향한 두려움을 걷어낼 때, 비로소 삶은 단순해지고 명확해진다.

- 해야 할 일에 더 집중할 수 있고
- 현재의 순간이 더 귀중해지며
- 무의미한 기대와 불안에서 벗어날 수 있다.

죽음을 두려워하지 않는다는 것은 단순히 용기가 아니라, 지혜의 문제라고 에피쿠로스는 말했다.

비교심: 남을 통해 나를 평가하는 감옥

현대 사회에서 가장 흔한 고통 중 하나는 비교다. 우리는 SNS를 열자마자 누군가의 성공, 외모, 재산, 인간관계를 접한다. 그들의 '좋아요' 수, 브랜드 옷, 여행지, 파트너를 본 순간 우리는 스스로를 축소하기 시작한다. 비교는 쾌락의 가장 큰 적이다. 왜냐하면 비교는 현재의 만족을 무효화하기 때문이다.

"남이 가진 것을 갈망하는 한, 평온은 없다."

그는 자기 삶의 만족 기준을 외부가 아닌 내부에서 재정의하려고 했다. 그리고 그것은 욕망을 줄이는 것이자, 평온을 지키는 실천이었다. 오늘날 비교심은 단지 감정 문제가 아니다. 그것은 삶의 전반에 다음과 같은 영향을 끼친다.

- 내가 선택한 일에 자신이 없어지고
- 상대적 박탈감에 빠지며
- 더 많이, 빨리, 멀리 가려는 강박에 시달리게 된다.

비교를 멈추는 가장 좋은 방법은 나의 쾌락 기준을 재설정하는 것이다. 다른 사람이 정한 기준이 아니라 다음과 같은 기준으로 삶을 재편해야 한다.

- 나를 평온하게 만드는 사람
- 나를 기쁘게 하는 루틴
- 내가 안심할 수 있는 삶의 리듬

에피쿠로스는 인생을 경쟁이 아닌 정원으로 보았다.

경쟁에서 벗어나는 순간, 우리는 비로소 '자기다움'이라는 진짜 기쁨에 도달할 수 있다.

Epicurus
【 에피쿠로스의 통찰 】

- **쾌락은 채움이 아닌 고통의 제거에서 시작된다.**
- 몸보다 마음의 고통이 더 깊고 오래간다.
- 마음의 고통은 욕망, 불안, 비교에서 생겨난다.
- 철학은 불필요한 생각을 걷어내는 영혼의 의술이다.
- 평온은 죽음의 수용, 비교 중단 및 현재 집중에서 온다.

Question

스스로에게 질문해보기

- **나는 어떤 고통을 당연하게 받아들이며 사는가?**

그것은 꼭 감내해야만 하는 종류의 고통인가, 아니면 피할 수 있는 것인가?

- **몸의 고통과 마음의 고통 중, 어느 쪽에 더 민감한가?**

그 감각은 언제부터, 어떤 계기로 시작되었는가?

- **내가 불안하거나 두려웠던 순간은 언제였는가?**

그 감정은 현실에 근거한 것이었는가, 상상이었는가?

- **나는 자주 다른 사람과 나를 비교하고 있는가?**

비교는 내 삶의 기준을 흐트러뜨리고 있는가, 아니면 동기를 주고 있는가?

Action

직접 실천해보기

- 고통의 주요 원인(사람, 상황, 생각)을 명확히 써보고, 그 중 내가 바꿀 수 있는 것과 바꿀 수 없는 것을 구분해본다.

- 불편한 감정이 들 때 아래의 질문을 스스로에게 해보자.

"이 감정은 현실에 근거한 것인가, 상상에 근거한 것인가?"

- SNS나 정보 피드 소비 시간을 1/2로 줄이고, 산책, 사색, 독서, 친구와의 대화 같은 나만의 '정원' 시간을 확보해보자.

3장

욕망을 세 가지로 분류하라

자연적이고 필수적인 욕망

에피쿠로스는 욕망을 이야기할 때 '무조건 억제하라'고 하지 않았다. 오히려 그는 욕망이 인간 삶의 중요한 일부이며 잘 다루면 평온을, 잘못 다루면 고통을 부른다는 점을 강조했다. 그리고 그 욕망들을 이해하고 정리하는 것이야말로 진정한 철학적 실천이라고 보았다. 그가 욕망을 세 가지로 나눈 이유는 간단하다. 욕망의 종류마다 고통을 발생시키는 방식이 다르기 때문이다.

첫 번째로, 자연적이고 필수적인 욕망이 있다.

이 욕망은 생존에 꼭 필요한 욕망이다. 음식, 물, 따뜻함, 안전한 잠자리, 적당한 휴식 등과 같이 인간의 기본적인 생리적 요구에서 비롯된 것들이다. 이 욕망은 충족되지 않으면 고통을 낳기 때문에 반드시 해결해야 한다. 하지만 중요한 점은 이 욕망이 비교적 간단하고 쉽게 만족된다는 것이다.

배가 고픈 사람에게는 빵 한 조각과 따뜻한 수프면 충분할 수 있다. 추운 날씨에는 따뜻한 담요 한 장이면 불안감이 줄어든다. 이 욕망은 자연에서 주어진 것이며 인간의 생존과 밀접한 관련이 있기 때문에 충족시켜야만 한다. 하지만 지나치게 복잡하게 만들 필요는 없다.

"목이 마른 사람은 물이 필요하지, 고급 와인이 필요한 게 아니다."

이러한 자연적이고 필수적인 욕망을 충족시키는 것이 '쾌락'이며 에피쿠로스는 이 쾌락을 가장 순수하고 신뢰할 수 있는 쾌락이라고 본다.

- 외부의 평가와 무관하고
- 충족이 간단하고 반복 가능하며
- 지나치게 탐닉할 위험이 거의 없기 때문이다.

하지만 현대 사회에서는 이 가장 단순한 욕망조차 '덜 가치 있는 것'으로 여겨지곤 한다.

- 식사는 건강과 생존의 행위이기보다 미각의 자극, 사진의 피사체가 되고,
- 휴식은 스스로를 위한 쉼이 아니라, 더 일하기 위한 충전 수단이 되며,
- 잠은 '생산성 없는 시간'으로 치부되기 쉽다.

이처럼 우리가 기본적 욕망마저도 더 화려하고 복잡한 욕망의 계단 위에 올려두었을 때, 고통은 시작된다. 그래서 에피쿠로스는 우리에게 거꾸로 묻는다.

"지금 당신이 필요로 하는 것은, 진짜 필요한 것인가?"

그는 이러한 필수 욕망을 충족시키는 데 만족을 느끼는 태도를 지혜로운 삶의 출발점으로 보았다.

더 좋은 걸 원하지 않더라도 괜찮은 상태.

지금 있는 것에 감사할 수 있는 상태.

그것이야말로 진짜 쾌락에 도달할 수 있는 삶의 첫 걸음이라고 말이다.

자연적이지만 불필요한 욕망

 에피쿠로스는 인간의 욕망 중 일부는 분명 자연스럽지만 반드시 충족시킬 필요는 없는 것들이라고 보았다. 두 번째로 그는 이것을 '자연적이지만 불필요한 욕망'이라고 부른다. 이 범주는 오늘날 우리가 말하는 '생활 수준의 욕구'와 상당히 겹친다. 예를 들어보자.

- 우리는 먹는 것이 필요하다. 그러나 맛있게 먹는 것까지 꼭 필요한 것은 아니다.
- 우리는 옷이 필요하다. 하지만 유행하는 옷이나 명품 브랜드까지 필요한 것은 아니다.
- 우리는 사람과 관계를 맺어야 한다. 그러나 그 관계 안에서 끊임없는 관심과 인정을 받아야만 하는 건 아니다.

이런 욕망은 모두 자연적인 감정에서 비롯된다. 누군가에게 인정받고 싶고, 더 나은 음식을 먹고 싶고, 주변보다 나은 조건에서 살고 싶다는 생각은 인간으로서 매우 정상적인 반응이다. 그러나 에피쿠로스는 이 욕망들이 만족을 늦추고 불안을 키우는 출발점이 될 수 있다고 보았다. 왜냐하면, 이 욕망은 충족되더라도 금세 새로운 욕망을 불러오기 때문이다.

한 번 좋은 걸 경험하면, 이전 수준의 만족은 시시해지고,

조금 편해지면, 그만큼 더 편한 것을 원하게 되고,

한 번 인정받으면, 그 인정이 지속되지 않으면 초조해진다.

에피쿠로스는 이러한 욕망을 '삶을 복잡하게 만드는 요소'라고 불렀다. 그는 인간이 평온함에 도달하기 위해서는 이러한 욕망들을 '자발적으로 포기할 수 있는 능력'을 길러야 한다고 강조했다.

"우리는 많은 것을 가지는 것 보다, 적은 것으로 만족할 수 있을 때 더 자유롭다."

에피쿠로스는 이러한 욕망을 충족시킬 수 있는 상황에서도 거절할 수 있는 능력을 길렀다. 누군가가 그에게 값비싼 진수성찬을 대접하겠다고 하면 그는 "나는 소금과 빵으로도 만족할 수 있습니다"라고 답했다. 이 말은 단순한 검소함의 미덕이 아니다. 그는 그런 방식으로 자기 삶의 기준을 외부가 아닌 내부에 둔 것이다.

이 욕망은 또한 비교와 기대라는 함정에 빠지기 쉽다. 우리는 누군가의 더 나은 집을 보며 자신의 공간이 부족하다고 느끼고, 친구의 여행 사진을 보며 자기의 일상을 초라하게 여긴다. 하지만 이 욕망들은 애초에 '자연적이지만 불필요한' 것들이라는 점을 인식해야 한다. 그것이 없다고 해서 내가 고통받아야 할 이유는 없다.

여기에서 중요한 것은 이 욕망들을 억누르거나 없애려는 것이 아니라 그것들을 인식하고 조절하는 능력을 기르는 것이다. 욕망은 생겨나는 것이지만 그 욕망을 충족시킬지 말지는 나의 선택이다. 이 자율성이 쾌락주의자에게는 가장 중요한 삶의 기술이다. 그리고 이런 욕망들을 거절할 수 있을 때 삶은 놀랍도록 단순해진다.

- 더 벌기 위해 더 일하지 않아도 되고,
- 더 인정받기 위해 더 설명하지 않아도 되며,
- 더 편하기 위해 더 복잡해지지 않아도 된다.

에피쿠로스는 말한다.

"삶의 기쁨은 얼마나 많이 갖는가가 아니라, 얼마나 적게 필요로 하는가에 달려 있다."

현대 사회는 끊임없이 욕망을 자극하고 확대하는 구조다. 그 속에서 우리는 쾌락을 추구하는 것 같지만, 실은 불안에 쫓기는 삶을 살아가고 있다. 그러나 쾌락주의자는 그것을 거슬러 흐르는 사람이다. 그는 자신이 진짜로 필요한 것이 무엇인지 아는 사람이며, 불필요한 것에 흔들리지 않는 사람이다. 그렇다면 지금 내 삶 속에서 '자연스럽지만 불필요한' 욕망은 무엇일까? 나는 그것 없이는 정말 평온할 수 없는가? 아니면 그 욕망을 잠시 내려놓음으로써 더 단순하고 가벼워질 수 있을까?

이 질문은 단순한 절제의 문제가 아니다. 그것은 평온을 위한 전략이자 나를 지키는 선택이다.

부자연스럽고 해로운 욕망

에피쿠로스는 욕망을 세 가지로 나누며 가장 마지막인 세 번째로 '자연적이지도 않고, 해롭기까지 한 욕망'을 두었다. 이 욕망은 충족이 어렵고, 충족되더라도 다시 고통을 만들어 내며, 충족을 위해 삶의 평온을 훼손하게 만드는 욕망이다. 그는 이 욕망이야말로 쾌락을 방해하는 가장 큰 적이며 삶의 질을 떨어뜨리는 진짜 원인이라고 강조했다.

- 권력에 대한 욕망
- 끝없는 명예와 명성
- 지배하고자 하는 욕구
- 남보다 앞서고 싶은 경쟁심
- 누군가를 통제하거나 소유하려는 욕망

이 욕망들은 자연에서 비롯되지 않는다. 배고픔이나 추위, 외로움 같은 본능적 필요와 무관하며, 대부분 사회적 구조와 비교, 불안정한 자아감에서 파생된다. 에피쿠로스는 이 욕망들을 '불필요한 것'이 아니라 '해로운 것'이라고 불렀다.

이 욕망들의 아래와 같은 특징을 가지고 있다.

- 충족되기 어렵고
- 충족되더라도 새로운 결핍을 만들며
- 타인을 해치거나 자기 자신을 소모시키는 방향으로 작동하기 때문이다.

예컨대, 한 사람이 출세욕에 사로잡혀 끊임없이 타인과 경쟁하고 자기 자신을 몰아붙이는 삶을 살고 있다고 하자. 그는 일시적으로 승진이나 권위를 얻을 수 있을지 모르지만 그 욕망은 거기서 멈추지 않는다. 다음 목표, 다음 자리, 다음 우월성을 향해 계속해서 욕망을 갱신해야 한다. 결국 그는 욕망의 노예가 된 삶을 살게 된다.

에피쿠로스는 이러한 욕망에 대해 이렇게 말한다.

"자연에 뿌리내리지 않은 욕망은 인간을 끊임없이 흔들고 고통스럽게 만든다."

이 말은 오늘날에도 여전히 유효하다. 오히려 현대 사회에서는 이 해로운 욕망들이 적극적으로 권장되기까지 한다.

- "성공하려면 더 가져야 한다."
- "남보다 앞서야 살아남는다."
- "보이지 않으면 존재하지 않는 것이다."

이런 메시지는 우리로 하여금 평온한 삶을 미루고 욕망의 경주에 뛰어들게 만든다. 처음엔 그 욕망이 나를 이끌어주는 것처럼 느껴지지만, 어느 순간부터는 내가 그 욕망을 따라가는 입장이 된다. 욕망을 끌고 가는 자에서 욕망에 끌려가는 자로 전락하는 것이다.

에피쿠로스는 이런 삶을 '자유를 잃은 삶'이라고 말했다. 그는 진정한 자유란 더 많은 선택지를 갖는 것이 아니라 선택하지 않아도 되는 내면의 힘이라고 보았다.

"나는 명성을 원하지 않는다. 왜냐하면 그 명성은 나를 평온하게 해주지 않기 때문이다."

그는 사회의 중심에서 벗어난 작은 정원을 택했다. 그곳에서 친구들과 철학을 이야기하고, 검소한 식사를 나누며, 욕망의 소음을 멀리한 채 살았다. 그의 삶은 무위(無爲)나 은 둔이 아니었다. 그것은 자기 삶의 기준을 외부가 아닌 내부로 옮긴 사람의 방식이었다.

부자연하고 해로운 욕망은 우리가 평온하게 살지 못하도록 끊임없이 흔들며, 그 욕망은 대부분 타인과의 비교나 평가, 사회적 구조에 대한 반응으로부터 발생한다. 그렇기 때문에 에피쿠로스는 타인의 시선을 줄이고 자신의 필요에 집중하는 것이야말로 철학적 삶의 첫걸음이라고 강조했다.

오늘 우리는 다음과 같은 질문을 던져야 한다.

- 내가 지금 바라고 있는 것은 내 삶을 평온하게 하는가, 아니면 더 불안하게 하는가?
- 지금 추구하고 있는 것은 나의 자연스러운 필요인가, 아니면 사회가 요구하는 성공의 형태인가?
- 이 욕망이 사라진다면, 나는 더 자유로워질 수 있는가?

이 세 번째 욕망을 줄이는 것은 단순한 절제가 아니라 삶의 방향을 바꾸는 전환점이다. 그 욕망을 줄일수록 우리는 더 평온해지고, 더 단순해지고, 더 나다워질 수 있다.

Epicurus
【 에피쿠로스의 통찰 】

- 욕망은 필수적, 불필요한, 해로운 세 가지로 나뉜다.
- 필수적 욕망은 평온을 주며 반드시 충족해야 한다.
- 불필요한 욕망은 불안을 키우기에 조절이 필요하다.
- 해로운 욕망은 비교와 기대로 삶을 흔든다.
- 쾌락주의자는 욕망을 억누르지 않고 선택한다.
- 욕망을 정리할 때 삶은 단순해지고 깊어진다.

Question

스스로에게 질문해보기

- **내 삶에서 '꼭 필요한 욕망'은 무엇인가?**

없으면 실제로 고통을 느끼는가, 단지 불편함을 느끼는가?

- **나는 최근 어떤 '불필요하지만 자연스러운 욕망'을 충족시키기 위해 노력했는가?**

나를 더 평온하게 만들었는가, 더 불안하게 만들었는가?

- **지금 내가 가장 집착하고 있는 욕망은 무엇인가?**

그것은 부자연스럽고 해로운 욕망에 가까운가?

그 욕망이 사라진다면, 나는 더 자유로워질 수 있을까?

- **내 욕망 중 얼마나 많은 것이 '남을 의식한 것'에서 비롯되었는가?**

내면의 목소리인가, 아니면 외부 시선의 반영인가?

Action

직접 실천해보기

- **아래의 질문에 따라 스스로의 욕망을 분류해보자.**
- 나는 지금 무엇을 가장 원하고 있는가?
- 그것은 생존에 꼭 필요한가?
- 그것이 없으면 나는 실제로 고통스러운가?
- 내가 선택한 것인가, 아니면 사회가 부여한 것인가?

- **자연적이지만 불필요하거나, 해로운 욕망 중 하나를 골라 일주일 동안 내려놓는 연습을 해보자.**

욕망 없이 살아보며 삶에 어떤 변화가 생기는지를 살펴본다.

- **구매욕구나 행동욕구가 생길 때, 이 질문을 던져보자.**

이 욕망은 어디서 왔는가?

(내 감각에서인가, 남의 시선에서인가, 불안에서인가)

4장

덜어내야 보인다

물질적 미니멀리즘을 넘어서

　에피쿠로스를 이야기할 때, 사람들은 종종 그가 매우 단순한 삶을 살았다는 점에 주목한다. 그는 화려한 옷도, 사치스러운 집도, 값비싼 식사도 없었다. '정원'이라 불리는 작고 조용한 학교에서 친구들과 함께 소박한 식사를 나누고, 생각을 정리하고, 사유를 나누는 삶을 살았다.

　이러한 모습은 오늘날 우리가 말하는 미니멀리즘과 닮아 있다. 하지만 그 철학적 깊이는 훨씬 더 크고 정교하다.

　우리는 종종 '미니멀리즘'을 소유를 줄이는 삶으로만 이해하지만 에피쿠로스는 훨씬 근본적인 질문을 던졌다.

　"왜 우리는 그렇게 많은 것을 갖고 싶어 하는가?", "그 욕망은 정말 내 것인가?", "그것은 내 평온을 도와주는가, 방

해하는가?"

 에피쿠로스가 강조한 '덜어냄'은 단순히 물건의 개수를 줄이는 행위가 아니다. 그것은 욕망을 비우고, 기준을 낮추고, 존재의 본질로 되돌아가는 일이었다. 그에게 미니멀한 삶은 '적게 가지는 삶'이 아니라 '적게 바라기 위해 훈련된 삶'이었다.

왜 우리는 물건을 계속 늘리는가?

 오늘날 우리는 끊임없이 물건을 사고, 버리고, 또 사는 과정을 반복한다. 정신없이 바쁜 하루를 마치고 돌아왔을 때 우리는 종종 '쇼핑'이라는 보상을 떠올린다. 필요하지 않다는 걸 알면서도 뭔가를 사고 싶은 충동은 쉽게 사라지지 않는다. 그 이유는 간단하다. 우리는 감정의 공백을 '물질'로 채우는 데 익숙해져 있기 때문이다.

 지루함, 외로움, 불안감, 자기혐오.

 이런 감정은 때때로 물건 하나로 잠시 눌려진다.

 그러나 그 만족은 오래가지 않는다. 그리고 곧 새로운 불만이 또다시 자리를 채운다. 이것이 소유에 중독된 삶이다.

에피쿠로스는 이 메커니즘을 꿰뚫고 있었다.

"우리는 만족을 느끼는 데 필요한 것을 잘 알지 못하고, 오히려 불필요한 것을 끊임없이 원한다."

이 말은 단지 비판이 아니다. 그것은 삶의 구조를 다시 묻는 철학적 선언이다.

소유가 나를 흔드는 방식

물건을 많이 가진다는 것은, 그만큼 나를 흔드는 요소도 많아진다는 것이다.

- 옷이 많아지면, 그날의 선택이 더 어려워진다.
- 책이 쌓이면, 읽지 못한 것들에 대한 죄책감이 생긴다.
- 전자기기가 늘어나면, 충전관리에 시간이 더 들어간다.

그 무엇보다, 그 모든 것들을 '유지'해야 한다는 부담이 끊임없이 뒤따른다. 여기서 중요한 건 '얼마나 갖고 있느냐'보다 '그것이 나에게 어떤 감정을 유발하느냐'이다. 물건은 도구가 되어야 한다. 하지만 어느 순간 우리는 물건의 하인이 되어 살아간다. 그때부터 쾌락은 시작되지 않고, 불안이 생겨난다.

에피쿠로스는 이것을 '비용이 많은 삶'이라고 불렀다.

- 소유한 것의 수만큼 지켜야 하고,
- 기대한 가치만큼 만족하지 못하면 실망하게 되며,
- 늘 새로운 것과 비교하게 된다.

그는 삶의 무게를 줄이기 위해서라도, 우리는 물건보다 자기 기준을 먼저 세워야 한다고 강조했다. 그 기준이 없다면, 우리는 끝없이 외부의 시선과 유행에 따라 흔들리는 삶을 살게 된다.

덜어냄은 결핍이 아니라, 기준의 재정립이다

많은 사람들이 '덜어내는 삶'을 두려워한다. 그건 혹시 '빈곤하게 사는 것'이나, '쓸쓸하고 축소된 삶'이 아닐까 걱정하기 때문이다. 하지만 에피쿠로스는 이렇게 말한다.

"적게 가지는 것이 가난한 것이 아니라, 더 많이 필요로 하는 것이 가난이다."

이 말은 우리를 근본으로 데려간다. 진정한 결핍은 '가진 것이 적은 것'이 아니라, '항상 더 갖고 싶어하는 상태'이다. 그런 삶에서는 결코 만족이란 도달하지 않는다. 그는 만족이란 외부에서 오는 것이 아니라, 욕망을 다스리는 내면의 기술에서 비롯된다고 보았다.

'덜어내기'는 고행이 아니다. 그것은 선택이고, 정리이고, 자기 존재를 명확히 하는 방식이다. 불필요한 것을 줄이는 순간 오히려 가장 본질적인 것들이 드러난다.

그때 비로소 우리는 묻게 된다.

"이제야 내가 정말로 원하는 것이 무엇인지 보이기 시작한다."

가진 것이 적을수록 자유롭다

 자유는 많은 것을 가질 때 생기는 것이 아니라, 적게 필요로 할 때 생겨난다. 이것이 에피쿠로스가 반복해서 강조한 삶의 진실이었다. 우리는 흔히 자유를 선택지가 많은 상태라고 생각한다.

더 큰 집, 더 좋은 차, 더 다양한 경험.

 이 모든 것이 나의 것이 될 수 있다면 나는 자유롭다고 믿는다. 하지만 에피쿠로스는 그것이 진짜 자유의 모습이 아니라고 말한다.

"진정으로 자유로운 사람은, 가진 것이 적더라도 흔들리지 않는 사람이다."

그가 말하는 자유는 선택지를 늘리는 것이 아니라 선택하지 않아도 되는 내면의 힘이다. 우리는 하루에도 수십 번 선택을 강요당한다. 그때마다 고민하고, 비교하고, 결정하고, 후회하는 과정 자체가 우리를 소모시키고, 스스로를 통제하지 못하는 상태로 만든다. 그는 진정한 자유를 이렇게 정의했다.

- 타인의 시선에 끌려가지 않는 자유
- 물건이나 조건에 매이지 않는 자유
- 욕망이 아닌 판단으로 결정할 수 있는 자유

'소유'는 때때로 우리를 가두는 감옥이 된다

우리는 '소유함으로써 자유로워질 수 있다'고 생각한다. 더 많은 정보를 알면 선택이 쉬워질 것 같고, 더 많은 경험이 나를 단단하게 만들 것 같고, 더 많은 물건이 내 삶을 채워줄 것 같다. 하지만 그 모든 '더 많은 것들'은 결국 더 큰 관리와 더 복잡한 책임을 낳는다.

- 명예가 높아질수록 더 많은 기대를 받아야 하고,
- 재산이 많아질수록 지켜야 할 것이 늘어나고,

- 지위가 높아질수록 자유로운 발언은 줄어든다.

이 모든 것은 가짐의 역설이다. 많이 가질수록 우리는 그것에 얽매이고, 그 기대를 충족시켜야 하며, 더 이상 '내 뜻대로' 움직이지 못하는 상태가 된다. 에피쿠로스는 이러한 상태를 '자기 인생의 주도권을 상실한 상태'라고 보았다.

그는 가진 것이 적어야 자유롭다고 말했지만, 그 말은 '무소유의 삶'에 대한 찬양이 아니다. 그는 검소한 삶을 찬양한 것이 아니라 자발적으로 검소함을 선택할 수 있는 상태, 욕망으로부터 자유로운 상태를 찬양했다.

내가 나에게 명령할 수 있는가?

에피쿠로스는 한 사람의 철학적 수준을 가늠하는 척도로 '자기 욕망에 얼마나 스스로 명령할 수 있는가'를 기준으로 삼았다.

"가장 자유로운 사람은 욕망에 굴복하지 않는 사람이다."

우리는 종종 외부 권력에 대해서는 경계하지만 자기 내면의 욕망에는 아주 쉽게 무릎을 꿇는다. 소유욕, 인정욕, 불안에서 비롯된 충동적인 소비와 선택들. 이런 것들이 우리를 끊임없이 흔들고 결정하게 만든다. 그러나 자유로운 사람은 그 반대다.

그는 외부의 기준에 휘둘리지 않고, 내면의 목소리를 들으며, 욕망이 아닌 판단으로 하루를 구성한다. 이런 사람은 많지 않다. 하지만 그런 삶은 가능하다. 에피쿠로스는 그 삶을 '철학적으로 훈련된 삶'이라고 불렀다.

자유는 줄어드는 것이 아니라, 명확해지는 것이다

많은 사람들은 '줄어드는 삶'을 두려워한다. 물건이 줄어들고, 관계가 줄어들고, 선택지가 줄어들면 자기 삶도 쪼그라드는 것이 아닐까 걱정한다.

"무언가가 줄어든다는 것은, 그만큼 삶의 중심이 뚜렷해진다는 뜻이다."

자유는 무한함이 아니라 불필요한 것을 제거했을 때 드러나는 본질이다.

- 복잡한 선택지 대신, 나다운 기준
- 많은 관계 대신, 나를 평온하게 해주는 몇 사람
- 화려한 목표 대신, 지금 만족할 수 있는 조건

이런 삶이야말로 소박하면서도 강한 자유다.

"가장 가난한 사람은 가장 많이 소유한 사람이 아니라, 가장 적게 원하는 사람이다."

그는 외적인 풍요 대신, 내면의 자율성을 택했다. 그 자율성은 타인의 인정이나 세상의 기준과는 무관하다. 그는 누구에게도 허락받지 않고도 자기 삶을 평온하게 이끌어갈 수 있는 사람이었다.

꼭 필요한 것만 남기는 법

'비우는 삶'을 이야기하면 사람들은 흔히 '무엇을 없앨 것인가'에 집중한다. 그것도 중요하지만, 에피쿠로스가 우리에게 정말로 묻고자 했던 것은 '무엇을 남길 것인가'였다. 비움의 끝에는 반드시 '선택된 것'이 있어야 한다. 그렇지 않으면 삶은 텅 빈 껍데기가 되고, 비워낸 자리에 또다른 욕망이 끼어들기 쉽다.

"무엇이 나를 평온하게 하는가? 그 질문에 답할 수 있는 사람만이, 비워낸 자리에 올바른 것을 남길 수 있다."

그는 우리가 덜어내야 할 욕망과 물질뿐 아니라, 남겨야 할 관계, 루틴, 감정, 사유 방식에 대해서도 고민할 것을 요청한다. 이 파트는 바로 그 '남기는 법'에 대한 이야기다.

첫 번째 원칙: '지속 가능한 평온'을 기준으로 삼는다

에피쿠로스는 삶의 모든 기준을 '쾌락'으로 삼았지만, 그 쾌락은 단기적 자극이 아니라 지속 가능한 평온이었다. 그래서 그는 어떤 것이든 아래의 질문을 먼저 던졌다.

- 이것은 나에게 일시적인 기쁨을 주는가,

  아니면 오래 가는 안정감을 주는가?
- 이 관계, 이 물건, 이 습관은 시간이 지날수록

  나를 편안하게 만들어주는가?
- 나는 이것이 있을 때 덜 흔들리는가, 아니면 더 민감해지는가?

이 기준은 매우 단순하지만, 삶의 구성 요소를 정리할 때 가장 명확한 잣대가 된다. 우리는 종종 '언젠가 필요할지도 모른다'는 이유로 물건을 버리지 못하고, '지금 당장은 괜찮다'는 이유로 불편한 관계를 이어간다. 그러나 에피쿠로스는 지금보다도 그것이 나를 평온하게 해주는가를 먼저 물었다. 비움은 지금이 아니라, 미래의 내 마음을 위한 선택이다.

두 번째 원칙: '기능이 아니라 감정'을 기준으로 남긴다

우리가 어떤 물건이나 관계, 습관을 유지할지 말지를 판단할 때 가장 흔하게 사용하는 기준은 기능성이다.

"이건 나한테 도움이 되니까",

"이 사람은 내게 유익한 사람이라서",

"이건 언젠가 쓸 수 있으니까."

하지만 에피쿠로스는 훨씬 더 근본적인 기준을 제시한다.

"이것이 나에게 어떤 감정을 불러일으키는가?"

삶에서 꼭 필요한 것들은 감정의 반응으로 명확히 드러난다.

그 공간에 들어갈 때, 내 몸이 편해지는가?
그 사람과 대화할 때, 내 마음이 수그러드는가?
그 물건을 사용할 때, 내가 나를 더 좋아하게 되는가?

그는 인간이 도구나 목적을 따라 살기보다 감각과 감정을 중심으로 삶을 재구성해야 한다고 믿었다.

그 감각은 가장 정직한 내면의 목소리이기 때문이다.

세 번째 원칙: 작고 반복 가능한 것을 남긴다

우리는 종종 '좋은 것'을 남기기 위해 크고 거창한 무언가를 생각한다. 하지만 에피쿠로스가 남긴 것은 거대한 철학적 업적이 아니라, 매일 아침 반복되던 질문, 산책, 대화, 식사였다. 그는 우리에게 이렇게 묻는다.

"지금 당신 삶에서, 매일 반복할 수 있는 평온한 행동은 무엇인가?"

쾌락은 단 한 번의 경험이 아니라, 지속적이고 반복 가능한 작은 일상에서 생긴다.

그가 남긴 것들은 다음과 같다.

- 아침 햇살 아래에서 마시는 물 한 잔
- 과일과 빵으로 이루어진 검소한 식사
- 욕망을 점검하는 사유
- 친구와 나누는 침묵의 대화

이 모든 것이 에피쿠로스가 말한 '남겨야 할 것'이었다. 그리고 이 모든 것의 공통점은 크지 않지만 삶을 흔들림 없이 지지해준다는 것이다. 우리가 정말로 필요한 것은 많지 않다. 그 소수의 것들이 내 삶을 지탱해주고 있다는 사실을 알게 될 때 비로소 삶은 풍요의 본질에 다가가게 된다.

삶을 정리하는 기술에서 삶을 되묻는 태도로 볼 때 정리에는 기술이 필요하지만, 무엇을 남길 것인가에는 철학이 필요하다. 그 철학은 결국 자기 자신에 대한 정직한 질문에서 시작된다.

- 나는 무엇을 위해 살고 있는가?
- 어떤 감정이 반복되고 있는가?
- 어떤 관계가 나를 지치게 하는가?
- 어떤 루틴이 나를 편안하게 만드는가?

이 질문에 꾸준히 답할 수 있다면 우리는 더는 외부의 기준을 따르지 않아도 된다. 내 삶의 중심은 '덜어냄'이 아니라 '선택함'이라는 것을 이해하게 되기 때문이다.

Epicurus
【 에피쿠로스의 통찰 】

- 진짜 미니멀리즘은 욕망을 줄이는 훈련이다.
- 덜어냄은 결핍이 아니라 기준을 다시 세우는 일이다.
- 자유는 적게 필요로 할 때 비로소 시작된다.
- 남겨야 할 것은 기능이 아닌 평온을 주는 감정이다.
- 평온은 작고 반복 가능한 루틴에서 자란다.

Question

스스로에게 질문해보기

- **나는 왜 이토록 많은 것을 갖고 있으려 하는가?**

소유는 내 불안을 줄여주는가, 새로운 걱정을 만들어내는가?

- **내가 소유하고 있는 것들 중, '나를 지지하는 것'은 무엇이고, '나를 지치게 하는 것'은 무엇인가?**

물건, 관계, 습관 중에서 각각 하나씩 떠올려보자.

- **나의 삶은 내가 '선택한 것'으로 이루어져 있는가? 아니면 사회적 기대, 타인의 시선, 이전의 습관에 의해 구성되어 있는가?**

- **나는 어떤 것에 자주 '끌리고' 있는가?**

그것은 나를 평온하게 하는가, 계속해서 '더'를 부추기는가?

Action

직접 실천해보기

- **오늘 하루, 눈에 보이는 물건 중에서 꼭 필요한 것, 없어도 되는 것, 나를 불안하게 하는 것으로 분류해보자.**

- **아래와 같은 감정 반응 중심의 체크리스트를 만들자.**
- 이걸 사용할 때 나는 편안하다.
- 이 사람과 있을 때 나는 가라앉는다.
- 이 장소에 있을 때 나는 나다워진다.

- **하루 10분, 결정하지 않는 시간을 가져보자.**

무엇을 볼지, 뭘 먹을지, 누구와 대화할지 고민하지 않고, 단지 있는 그대로를 받아들이는 감각을 키운다.

- **하루를 지지해주는 루틴, 사람, 공간, 습관, 감정 중 꼭 남기고 싶은 것 5가지를 적고 그 이유를 곁들여보자.**

5장

마음의 평온, 아타락시아

아무것도 흔들지 않는 상태

우리는 얼마나 자주, 내 마음이 '지금 이대로 괜찮다'고 느끼는 순간을 경험할까? 불안하지 않고, 초조하지 않고, 조급하지 않고, 누군가를 부러워하지도 않으며 바라는 것도, 후회하는 것도 없이 가만히 머무를 수 있는 순간. 에피쿠로스는 그 상태를 '아타락시아(Ataraxia)'라고 불렀다.

"가장 큰 쾌락은 고통이 없고, 마음이 동요하지 않는 상태이다."

에피쿠로스 철학의 궁극적인 목표는 단순히 기분 좋은 감정을 추구하는 것이 아니다. 그는 '지속 가능한 기쁨' 다시 말해 마음이 더 이상 흔들리지 않는 상태 그 고요한 바닥을 삶의 중심으로 삼으려 했다.

우리는 왜 이토록 쉽게 흔들리는가?

삶은 끊임없는 자극으로 이루어져 있다. 뉴스 속 위기, 타인의 성취, SNS 속 비교, 불확실한 미래, 해결되지 않은 감정. 이런 것들은 우리의 내면을 '항상 반응해야 하는 상태'로 몰아넣는다.

- 누군가가 나보다 앞서가면 마음이 조급해지고
- 미래를 예측할 수 없으면 불안해지며
- 기대한 일이 어긋나면 분노하거나 우울해진다.

우리는 하루에도 수십 번 감정의 물결에 휩쓸린다. 이렇게 동요하는 마음은 일상적으로 받아들여지지만 에피쿠로스는 그것이 쾌락을 방해하는 본질적인 원인이라고 보았다.

그는 감정의 동요가 '생존에 필요한 반응'이라기보다 '욕망과 상상의 산물'이라고 주장한다. 즉, 우리는 실제보다 과장된 욕망과 불필요한 기대로 인해 흔들린다는 것이다.

아타락시아는 무감정이 아니라, 감정에 휘둘리지 않는 능력이다. 아타락시아는 흔히 '무덤덤한 상태'나 '감정이 없는 사람'처럼 오해되기도 한다. 하지만 에피쿠로스는 감정을 억누르라고 말하지 않았다. 오히려 감정을 정직하게 인식하고, 그 감정에 지배당하지 않을 능력을 기르는 것, 그것이 바로 평온한 상태에 이르는 유일한 길이라 보았다.

예컨대, 부러움이 올라올 때 그 감정을 억누르는 것이 아니라 "나는 왜 이 사람을 부러워하는가?"를 자문하며 그 감정의 뿌리를 파악하고 조용히 내려놓는 것.

분노가 일어났을 때 그것을 참는 것이 아니라 "이 분노는 정말로 나를 지켜주는가?"를 묻고 더 깊은 반응을 선택하는 것. 이것은 감정을 없애는 게 아니라 감정과 거리를 두는 능력, 즉 반응하지 않을 자유를 획득하는 일이다.

마음이 평온한 사람의 특징

에피쿠로스가 말한 아타락시아는 단지 일시적인 기분이 아니라 일관된 내면의 태도였다. 그는 마음이 평온한 사람은 다음과 같은 특징을 가진다고 보았다.

- 욕망을 알아차리고 선택할 줄 안다.
- 충동이 일어나도 따라가지 않고, 필요 여부를 점검한다.
- 순간의 쾌락보다 지속 가능한 평온을 선택한다.
- 자신의 판단 기준을 가지고 있다.

- 타인의 말, 사회의 기대, 유행에 휘둘리지 않는다.
- '나는 왜 이 선택을 하는가'를 늘 스스로에게 묻는다.
- 불확실함을 견딜 수 있는 여유를 가진다.
- 미래는 통제할 수 없음을 인정하고 지금의 삶에 몰입하려는 태도를 지닌다.
- 작은 기쁨을 충분히 누릴 줄 안다.
- 일상의 순간에 감각을 열고 감사와 자족을 느낀다.

이러한 평온은 누구에게나 가능하지만 그만큼 의식적인 훈련을 요한다. 에피쿠로스는 철학이 그 훈련의 도구가 되어야 한다고 믿었다.

평온한 삶은 결코 지루하지 않다

우리는 종종 '고요한 삶'을 '지루한 삶'으로 오해한다. 하지만 에피쿠로스는 평온이란 고요하지만 활기찬 상태라고 보았다. 그 안에는 사유가 있고, 감각이 있으며, 깊은 감정이 살아 있다. 그는 외부 자극이 줄어들수록 내면의 감각이 더욱 예민해지고 삶의 깊이가 커진다고 보았다.

- 평온한 사람은 일상의 감정을 섬세하게 느낄 수 있고

- 자극에 휘둘리지 않을수록, 기쁨도 오랫동안 지속된다

결국 그는 이렇게 말한다.

"진정한 쾌락은 잔잔하고 지속되며, 마음을 휘어잡지 않고 부드럽게 감싼다."

우리는 더 자극적인 것이 아닌 더 깊고 지속되는 삶을 향해 나아가야 한다. 그 길의 이름이 바로 '아타락시아'다.

평온을 깨뜨리는 감정의 덫

 우리는 스스로를 이성적인 존재라 믿지만 실제 삶을 흔드는 것은 대부분 감정이다. 삶의 평온을 해치는 것도, 불행을 부추기는 것도, 후회를 남기는 것도 거의 모든 문제의 핵심에는 제어되지 않은 감정이 숨어 있다. 에피쿠로스는 이 점을 누구보다 예리하게 꿰뚫었다. 그는 쾌락을 방해하는 가장 큰 요소로 육체적 고통보다 영혼의 혼란(불안, 두려움, 분노, 부러움 등)을 꼽았다. 그리고 그것을 단호히 정리한다.

"감정의 혼란이야말로 삶을 무겁고 어지럽게 만드는 독이다."

 에피쿠로스가 본 감정은 단순히 '느낌'이 아니라 삶의 리듬과 판단을 왜곡시키는 가장 강력한 힘이었다.

그는 이 감정들이 어떻게 인간을 속이고 흔드는지를 다음과 같이 설명했다.

첫 번째 덫: 지나친 기대

기대는 감정의 시작점이다. 기대가 없다면 실망도 없고, 분노도 줄어들며, 부러움도 생기지 않는다. 하지만 우리는 자신도 모르게 수많은 기대를 품고 살아간다.

- 이 관계에서 나를 이해해주길 바라고
- 이 일은 반드시 성과로 돌아와야 하며
- 이 사람은 내 감정을 배려해줘야 하고
- 나는 지금보다 더 좋은 사람이 되어야만 한다.

이러한 기대는 처음에는 삶의 동력이 되지만, 그 기대가 현실과 어긋날 때, 감정은 급격히 요동친다.

"기대하지 않는 법을 아는 사람만이 평온을 배울 수 있다."

그는 단순히 '아무것도 바라지 말라'고 말한 것이 아니다. 그보다는 '기대의 크기와 속도를 줄이고 필요한 것만 남기라'고 충고한 것이다.

친구에게 서운한 일이 생겼다면 "그는 원래 나를 이해해줘야 하는 존재야"라는 생각부터 점검해볼 수 있다. 기대는 감정의 출처이자, 흔들림의 뿌리다.

두 번째 덫: 비교에서 비롯된 불만

에피쿠로스는 '비교'를 감정의 가장 비열한 함정이라고 표현했다. 왜냐하면 비교는 '무언가를 잘 누리고 있었던 사람조차도 갑자기 불만을 느끼게' 만들기 때문이다.

- 방금 전까지 좋았던 식사가 누군가의 고급 식당 사진을 보는 순간 시시해지고,
- 만족스럽던 하루가 친구의 여행 스토리를 보는 순간 지루해지고,
- 내가 성실하게 일해온 과정이 누군가의 빠른 성공 앞에서 초라해진다.

비교는 현실을 변형시킨다. 그것은 내 감정을 '지금 여기'가 아닌 '남의 삶의 일부'에 의탁하게 만든다. 그 순간부터 우리는 자기 삶을 충분히 경험하지 못한다.

"남보다 나아지려는 사람은, 평생 자신의 부족함을 느끼

며 살게 된다."

비교의 유혹에서 벗어나는 가장 좋은 방법은 기준을 외부가 아닌 내면으로 옮기는 것이다.

"나는 오늘 내가 원하는 방식으로 살았는가?"

이 질문 앞에서는 비교가 작동할 수 없다.

세 번째 덫: 해석을 확신하는 습관

많은 감정은 사건 자체가 아닌 해석에서 비롯된다. 우리가 느끼는 분노, 모욕감, 불안, 우울은 대부분 '일어난 일' 때문이 아니라 '그 일을 내가 어떻게 해석했느냐'에서 시작된다.

- 타인의 짧은 답변을 '무시'로 해석하면 분노가 생기고,
- 지적을 '비난'으로 해석하면 모멸감이 생기며,
- 우연한 실패를 '무능함'으로 해석하면 우울이 찾아온다.

에피쿠로스는 이러한 해석의 자동성을 경계했다. 그는 감정이 너무 쉽게 해석에 따라 좌우되는 것을 삶의 불균형 상태라고 보았다. 그래서 그는 다음과 같은 철학적 습관을 제안한다.

"한 걸음 물러나 생각하라. 지금의 감정은 어디서 비롯되었는가?"

감정의 힘에 압도당하지 않고 그 감정의 기원을 탐색하는 습관은 우리 삶의 반응 속도를 늦추고, 선택의 여유를 만들어준다.

감정은 제거의 대상이 아니라, 관찰의 대상이다

에피쿠로스는 감정을 제거하려 하지 않았다. 오히려 그는 감정이야말로 삶의 일기처럼 우리 내면을 비추는 거울이라 여겼다. 중요한 것은, 그 감정에 붙잡혀 끌려다니지 않고 한 걸음 물러나 감정을 관찰할 수 있는 여유를 기르는 것이다.

"감정은 적이 아니다. 단지 너무 가까이 두면, 삶을 흐리게 만든다."

우리가 감정을 적절한 거리에서 바라볼 수 있을 때 비로소 마음은 조용해지고 삶은 다시 고요한 중심을 회복한다.

마음을 지키는 철학적 훈련

　마음의 평온은 결코 타고나는 성질이 아니다. 그것은 매일의 삶 속에서 의도적으로 훈련되고, 선택되고, 다져지는 태도다. 에피쿠로스는 누구보다 이 점을 강조했다.

"삶의 평온은 철학 없이 주어지지 않는다. 철학은 영혼을 위한 치료법이다."

　그에게 철학은 '이론'이 아니라 '훈련'이었다. 그는 하루도 거르지 않고 자신의 감정을 점검했고, 자신이 진정으로 원하는 것이 무엇인지 질문했고, 욕망과 고통에 휘둘리지 않기 위한 실천을 계속했다.

　오늘날 우리의 삶도 다르지 않다. 감정과 정보와 자극이 범람하는 시대에 '마음의 평온'을 지키기 위해서는 그에 맞는 철학적 루틴이 필요하다.

매일 감정을 돌아보는 '사유의 루틴'

에피쿠로스는 매일 저녁, 스스로에게 물었다고 한다.

- 오늘 내가 감정적으로 흔들린 순간은 언제였는가?
- 그 감정은 왜 발생했고, 어디에서 비롯되었는가?
- 그것은 자연스럽고 피할 수 없는 감정이었는가,
  아니면 불필요하게 증폭된 것이었는가?

이 질문들은 단지 회고가 아니라, 내면의 질서를 회복하기 위한 정리 작업이었다.

우리는 하루 종일 외부 자극에 노출되어 있다. 그래서 더더욱, 하루의 끝에는 반드시 내 마음의 상태를 바라보는 시간이 필요하다. 그 감정들을 억누르지 않고, 다만 거리를 두고 바라보는 연습 이것이 바로 감정에 끌려가지 않고 마음을 지키는 첫걸음이다.

'나의 기준'으로 하루를 점검하는 습관

에피쿠로스가 말한 평온은 외부 기준이 아닌, 내면 기준에 충실할 때 가능해진다. 그는 타인의 기대나 사회적 시선을 벗어나 자신의 판단과 가치 기준에 따라 하루를 살아갔다.

그는 매일 아침 자신에게 물었다.

"오늘 나는 무엇을 기준으로 살아갈 것인가?", "내가 소중히 여기는 삶의 태도는 무엇인가?"

우리는 너무 자주 걱정한다.

- '어떻게 보일까'를 고민하고
- '남들이 뭘 할까'를 확인하고
- '지금 이게 정답일까'를 불안해한다.

하지만 평온한 사람은 반대 방향으로 흐른다.

"내가 바라는 것은 단 하나, 내 마음이 동요하지 않는 것이다."

따라서 우리의 하루도 외부의 정보보다 내 기준으로 시작되고 정리되어야 한다. 그 기준은 꼭 거창할 필요 없다.

- 오늘은 천천히 말하겠다.

- 한 가지 욕망만 내려놓겠다.
- 판단하지 않고 들어주겠다.
- 나의 리듬으로 일하겠다.

이러한 작은 기준들이 모여 우리를 지키는 철학이 된다.

감각을 회복하는 조용한 시간

에피쿠로스는 '감각의 회복'을 매우 중요하게 여겼다. 쾌락은 자극이 아니라 감각의 섬세함에서 오는 것이다.

"고요한 마음만이 감각을 깊이 느낄 수 있다."

소란스러운 환경, 조급한 일정, 끊임없는 알림 속에서 우리는 감각을 잃는다. 그때부터 삶은 더 많은 자극을 요구하게 되고 그 자극은 또다시 평온을 빼앗는다.

이를 끊기 위한 유일한 방법은 조용히 머무는 시간이다.

- 천천히 마시는 차 한 잔
- 의도적으로 늦추는 호흡
- 햇살 아래 눈을 감고 있는 몇 분
- 말없이 걷는 시간

이런 시간은 단지 쉼이 아니라 감각을 정화하고, 감정을 비우고, 내면을 정리하는 훈련이다.

에피쿠로스는 철학이 이런 시간 안에서 자란다고 믿었다.

철학은 방어막이 아니라, 중심축이다

많은 사람들이 철학을 문제가 생겼을 때 꺼내는 무기로 여긴다. 하지만 에피쿠로스에게 철학은 그런 것이 아니었다.

그는 철학을 '미리 삶을 정리하고, 다가올 파도에 흔들리지 않게 만드는 중심축'으로 삼았다. 이 중심이 단단할수록, 세상의 소란은 멀어지고, 내면의 고요는 더 자주, 더 오래 유지된다. 그는 우리에게 이렇게 말하는 듯하다.

"평온은 스스로 선택하고 지켜야 하는 삶의 방식이다.
그리고 철학은, 그 선택을 매일 다시 하게 해주는 도구다."

Epicurus
【 에피쿠로스의 통찰 】

- 아타락시아는 감정에 흔들리지 않는 평온의 상태다.
- 기대, 비교, 해석은 평온을 깨뜨리는 감정의 덫이다.
- 감정은 억제보다 관찰과 거리두기로 다스려야 한다.
- 쾌락은 자극이 아닌 고요하고 지속적인 감각에서 온다.
- 평온은 철학에서 자라고 중심을 지킬 때 유지된다.

Question

스스로에게 질문해보기

- **나는 오늘 하루 어떤 감정에 가장 크게 반응했는가?**

그 감정은 어디서 비롯되었는가? 외부 자극인가, 내 해석인가?

- **내 마음을 가장 자주 동요시키는 감정은 무엇인가?**

분노, 불안, 질투, 조급함, 외로움 중 하나를 골라보고 그 감정이 반복되는 패턴은 어떤가?

- **나는 감정과 적당한 거리를 두고 살아가고 있는가?**

감정에 휘둘리는가, 아니면 관찰할 수 있는가?

- **요즘 나는 어떤 기준으로 하루를 결정하고 있는가?**

나의 판단인가, 타인의 기대인가, 충동인가?

Action

직접 실천해보기

- **하루 중 마음이 흔들렸던 때를 기록해보자.**
- 상황
- 떠오른 생각
- 나타난 감정
- 실제 반응

- **매일 아침 스스로에게 던질 질문을 한 줄로 정하자.**
- 오늘 어떤 감정에 휘둘리지 않기로 선택할 것인가?
- 오늘 하루는 무엇이 내 중심을 잡아줄 수 있는가?

- **강한 감정이 일어날 때, 바로 반응하지 않고 5초 동안 호흡만 집중하는 습관을 들여보자.**

они
6장

함께 나누는 쾌락, 우정

쾌락은 혼자만의 것이 아니다

에피쿠로스는 개인의 욕망을 다루는 데 있어 매우 엄격했다. 그러나 그가 유일하게 '나 혼자 해결할 수 없는 것'이라 말했던 쾌락이 하나 있었다. 바로 우정에서 비롯된 쾌락이다.

"지혜로운 자는 누구보다 자족할 수 있으면서도, 누구보다 진심으로 우정을 갈망한다."

이는 단순한 정서적 교류에 대한 찬사가 아니다. 에피쿠로스는 우정을 이렇게 정의한다.

- 욕망을 절제할 수 있게 도와주는 거울이자
- 고통을 견디게 해주는 버팀목이며

- 삶의 평온을 지속시키는 가장 현실적인 조건이다.

왜 쾌락은 타인과 함께할 때 더 깊어지는가?

우리는 종종 이렇게 말한다.

"혼자 있는 게 가장 편해.", "사람에 지치지 않으려면, 혼자가 나아."

그 말은 어느 정도 사실이기도 하다. 그러나 에피쿠로스는 '혼자 있는 삶'과 '함께 있는 삶'의 쾌락이 질적으로 완전히 다르다는 점을 분명히 했다. 혼자서 얻는 쾌락은 즉각적이고 간단하다.

- 고요함
- 자율성
- 간섭 없는 시간

하지만 그 쾌락은 종종

- 자의식에 갇히거나
- 외부로부터 단절되거나
- 불안한 자족감으로 바뀌는 경우가 많다.

반면, 진정한 우정 안에서 주어지는 쾌락은 깊고 지속적이며, 흔들림이 없다.

"우정은 쾌락을 두 배로 만들고, 고통을 반으로 만든다."

그 말은 감성적인 미사여구가 아니다. 실제로 함께 나누는 삶은 감정의 파고를 줄이고 삶을 건고하게 만든다.

우정은 의무가 아니라, 선택된 쾌락이다

에피쿠로스는 혈연, 관습, 이해관계로 연결된 관계를 진정한 우정이라 부르지 않았다.

"우정은 자발적인 쾌락이다. 어떤 의무도, 강제도 그 안엔 없다."

그에게 우정이란,

- 서로가 서로의 존재를 '필요'로 하기 전에
- 먼저 '함께 있는 그 자체'를 기뻐하는 관계였다.

그런 우정은 이런 모습을 가지고 있다.

- 비교하지 않고
- 지적하지 않으며

- 조언보다는 들어주고
- 변화시키기보다 있는 그대로 받아들이는 태도가 기반이다.

에피쿠로스는 이런 우정을 '동료적 삶의 가장 이상적인 형태'로 보았다. 그는 혼자서도 충분히 자족할 수 있었지만 우정 안에서만 가능한 쾌락이 있음을 누구보다 잘 알고 있었다.

우정은 생활이 된다

에피쿠로스가 세운 철학 학교 '정원'은 단순히 철학을 배우는 곳이 아니었다. 그곳은 함께 사는 곳이었으며

- 함께 걷고,
- 함께 사유하고,
- 함께 식사하며,
- 서로의 생각을 나누는 공간이었다.

그는 가르쳤다기보다는 함께 살았고 친구들과 빵을 나누며 이렇게 말하곤 했다.

"이것은 단지 식사가 아니라, 삶의 한복판이다."

그 우정은 견고했고 죽음의 순간까지도 이어졌다.

그가 세상을 떠나는 순간, 그의 곁엔 그의 친구였던 헤르마르쿠스가 있었고, 에피쿠로스는 마지막 편지를 그에게 남긴다.

"나는 지금 몸의 극심한 고통 속에 있지만, 당신과 함께한 우정을 기억하니 마음은 더없이 평온하다."

그는 우정이 단지 삶을 덜 외롭게 만드는 것이 아니라 삶을 더 평온하고 의미 있게 만드는 쾌락임을 증명한 사람이었다.

관계가 나를 무너지게 할 때

 우정은 쾌락이지만, 모든 관계가 쾌락을 주는 것은 아니다. 관계는 우리를 지탱하는 힘이 되지만, 또한 우리의 중심을 흔드는 가장 큰 원인이 되기도 한다. 가장 가까운 사람에게 가장 깊은 상처를 받고 의지했던 사람에게 실망하며 무너지는 경험은 누구에게나 있다. 에피쿠로스는 '좋은 우정'을 철학적으로 찬미했지만 동시에 '유지할 필요가 없는 관계'는 용기 있게 떠나야 한다고 말한 철학자이기도 하다.

'좋은 사람'이 아닌, '잘 맞는 사람'을 구분하라

 우리 사회는 '좋은 사람', '괜찮은 사람'을 만나라고 말한다. 그러나 좋은 사람이라고 해서, 그 관계가 반드시 나를 편안하게 해주는 것은 아니다. 에피쿠로스는 관계를 평가할 때 도덕이나 이상이 아니라 감정의 반응을 기준으로 보았다.

"함께 있을 때 마음이 흔들리는가, 가라앉는가?"

이 질문 하나만으로도 우리가 맺고 있는 많은 관계들이 실은 불안, 죄책감, 기대, 경계심 위에 놓여 있음을 알게 된다.

- 늘 조심스러운 말투로 대하는 사람
- 나를 늘 '고쳐주려는' 사람
- 조건부 호의를 베푸는 사람
- 언제나 평가하거나 지적하는 사람

이들은 나쁜 사람이 아닐 수 있다. 그러나 그 관계가 반복적으로 나의 감정을 소모시키고, 내면을 경직시킨다면, 그것은 '유지할 이유'를 다시 점검해봐야 한다.

관계가 나를 무너뜨릴 때 생기는 신호

에피쿠로스는 영혼의 평온(아타락시아)을 해치는 가장 큰 위험 요소로 무분별한 인간관계를 꼽았다. 그는 이런 관계가 가져오는 감정들을 관찰했고 다음과 같은 감정이 자주 드는 관계는 철학적으로 재검토되어야 한다고 말한다.

설명해야 한다는 압박감

: 나는 왜 이렇게 행동했는지 늘 해명해야 하는 기분

거절할 수 없는 불편함

: 상대의 요구에 늘 '좋은 사람'처럼 반응해야 하는 피로함

감정적으로 흔들리는 반복

: 그의 기분에 따라 내 하루가 바뀌고, 칭찬 한마디에 들떴다가 무관심에 가라앉는 불안정성

기대와 실망의 악순환

: 바라는 것이 늘 어긋나고, 그 실망을 혼자 삭이는 감정의 반복

이러한 관계는 쾌락을 주지 않는다. 오히려 욕망을 더 자극하고, 감정을 더 불안하게 만들며, 삶의 중심을 바깥으로 밀어낸다.

에피쿠로스는 이럴 때 관계를 정리하는 것이 도피가 아니라, 철학적 결단이라고 보았다.

관계를 떠나는 용기, 나를 지키는 선택

에피쿠로스는 인간관계를 무조건 유지해야 하는 것으로 보지 않았다.

"삶에 쓸모없는 관계는, 쓸모없는 욕망과 다르지 않다.

그것은 소음이며, 혼란이며, 마음의 평온을 해치는 감정의 부유물이다."

그에게 있어 우정은 이런 역할도 했다.

- 나의 평온을 지켜주고
- 감정을 정제시켜주며
- 내 존재를 조용히 지지해주는 관계였다.

그렇기에 평온을 깨뜨리는 관계 그 안에서 반복적으로 감정이 훼손되는 관계는 함께 있음으로써 쾌락을 잃는 상태라고 판단했다.

우리는 종종 '관계 정리'를 미안하거나, 냉정하거나, 회피적인 행동으로 여긴다. 그러나 철학적으로 보자면 그것은 스스로의 감정을 존중하고 내면의 질서를 지키기 위한 선택이다. 에피쿠로스는 우리에게 묻는다.

"그 관계는 당신의 쾌락을 키워주는가, 아니면 당신의 평온을 훼손하는가?"

우정이란, 함께 있음으로써 삶이 더 단순해지고, 마음이 더 평온해지며, 내가 나다워질 수 있도록 도와주는 감정이다. 그렇지 않다면, 그 관계는 더 이상 우정이 아니라, 습관일지도 모른다.

좋은 사람 한 명이면 충분하다

많은 사람들과 두루두루 잘 지내는 것보다 내 곁에 조용히 함께 있어주는 단 한 사람이 더 깊은 쾌락과 더 안정된 평온을 주는 경우가 많다. 군중 속에서의 관계는 쉽게 스쳐 지나가지만 진짜 우정은 시간을 견디며 남는다.

"우정이란 수가 많다고 해서 강해지는 것이 아니다. 오히려 한 사람의 깊은 우정이 수많은 인연을 이긴다."

그에게 우정은 군중 속의 친밀감이 아니었다. 그는 복잡한 인간관계보다는 단순하고 진실된 연결 하나에 집중했다. 말이 많지 않아도 통하는 사람 자주 만나지 않아도 안심이 되는 사람이 그의 기준이었다.

왜 한 사람만으로도 충분할까?

삶은 언제나 예측할 수 없는 상황들로 가득하다. 그럴 때 우리는 생각보다 많은 사람이 아니라, 단 한 사람의 말, 한 사람의 표정, 한 사람의 조용한 존재에 위로받곤 한다. 인간관계는 넓이가 아니라 깊이가 힘이 되는 순간이 있다.

- 조건 없이 들어주는 사람
- 판단하지 않고 기다려주는 사람
- 침묵 속에서도 편안한 사람
- 나를 바꾸려 하기보다 '존재로서 인정'해주는 사람

이러한 사람은 많지 않다. 그리고 많을 필요도 없다. 그 한 사람이 있다면 우리 삶은 더 이상 혼자가 아니다. 내면이 무너질 듯한 순간에도 '그 사람은 나를 이해해줄 거야'라는 생각 하나가 버팀목이 된다. 에피쿠로스는 이렇게 말했다.

"내가 가진 모든 것보다도, 나의 곁에 있는 한 사람의 진심이 나를 더 평온하게 한다. 그는 삶의 무게를 견디게 하는 것은 물질이 아니라 마음의 연결이라고 믿었다."

우리는 왜 많은 사람을 원하게 되었을까?

우리는 어릴 때부터 '인싸'가 되어야 한다고 배운다. 네트워크, 사회성, 인간관계 스펙, 이 모든 것이 마치 평온과 성공의 지름길인 것처럼 여겨진다. 좋은 관계는 많을수록 좋다는 믿음은 경쟁 사회 속에서 당연한 것으로 받아들여졌다.

하지만 에피쿠로스는 이 흐름을 정면으로 거슬렀다.

"많은 사람과 연결된다는 것은, 그만큼 많은 감정에 노출되는 것이다. 그는 관계의 양보다 질을 중요하게 여겼다. 얕은 관계의 피로함보다, 깊은 관계의 안정을 택했다."

그가 생각했던 이상적인 우정은

- 내가 중심을 잃지 않고,
- 내 감정의 결을 흐리지 않고,
- 서로에게 필요 이상 기대하지 않는 상태

그런 연결은 흔치 않지만 만약 존재한다면 그 사람만으로도 삶의 쾌락은 충족된다. 그런 우정은 외로움 속에서도 나를 지탱해주는 존재가 된다.

깊은 우정은 자주 보지 않아도 흔들리지 않는다

에피쿠로스가 강조한 우정의 또 다른 특징은 '끈끈함'이 아니라 '조용한 지속성'이었다. 그는 매일 안부를 묻거나 모든 것을 함께하지 않아도 마음 깊이 연결된 우정은 결코 끊어지지 않는다고 믿었다. 그에게 우정이란 거리에 상관없이 이어지는 마음의 흐름이었다.

"우정은 떨어져 있어도 함께 살아가는 것이다."

서로 다른 도시, 다른 삶을 살아가더라도 내 삶의 중요한 순간에 떠오르는 사람, 말하지 않아도 나를 이해할 것 같은 사람, 마음 깊은 곳에서 조용한 신뢰를 나누는 사람 그런 사람이 한 명 있다면, 그 사람은 당신 삶의 '정원'이다. 언제든 돌아갈 수 있는 마음의 쉼터, 그런 사람과의 연결은 시간보다 깊고, 말보다 강하다.

내 안의 정원을 가꾸듯, 한 사람의 관계를 돌보라

에피쿠로스는 사람과 사람 사이의 진정한 연결은 수고로움이 아니라 성찰로부터 비롯된다고 보았다. 관계의 본질은 얼마나 자주 만나느냐가 아니라, 얼마나 진심으로 연결되어 있느냐에 달려 있다.

"*좋은 우정은 계산이 아니라 기억으로 유지된다. 손익이 아니라 사유로 이어진다.*"

우정은 서로를 위해 무언가를 해주는 관계라기보다, 서로의 삶을 지켜봐 주는 동행이다. 존재만으로 서로에게 위안이 되고, 삶을 묵묵히 바라봐주는 태도가 우정의 본질이라고 그는 말한다.

그런 관계가 한 명이라도 있다면, 당신은 이미 충분히 풍요로운 사람이다. 세상과 거리를 두더라도, 그 한 사람으로 인해 마음은 더욱 가까워질 수 있다.

Epicurus
【 에피쿠로스의 통찰 】

- 우정은 쾌락을 깊게 하고 고통을 덜어준다.
- 좋은 우정은 평온을 지켜주는 조건 없는 연결이다.
- 감정을 소모시키는 관계는 정리할 용기가 필요하다.
- 깊은 우정은 자주가 아닌 지속성에서 의미를 가진다.
- 우정은 삶을 지키는 조용한 정원이다.

Question

스스로에게 질문해보기

- **지금 내 곁에 있는 사람 중, 함께 있을 때 내가 평온해지는 사람은 누구인가?**

그 사람과의 관계는 어떤 감정으로 이어져 있는가?

- **나는 얼마나 자주 '좋은 사람'과 '잘 맞는 사람'을 혼동하고 있는가?**

나를 지치게 하면서도 억지로 이어가고 있는 관계는 무엇인가?

- **최근의 인간관계 중, 반복적으로 감정이 소모되는 관계는 무엇인가?**

그 관계를 유지하는 이유는 무엇이며, 그것은 정말 필요한가?

- **나에게 진짜 필요한 관계는 몇 명인가?**

수가 중요한가, 깊이가 중요한가?

Action

직접 실천해보기

- **'지금 나와 가까운 사람들' 중 5명을 적어보고 각각의 이름 옆에 다음 중 하나를 표시해본다:.**

① 함께 있으면 편안하다

② 에너지가 소모된다

③ 경계하게 된다

④ 말하지 않아도 괜찮다

- **감정적으로 과잉 반응하거나 피로감이 큰 관계 한 명을 선택해, 의도적으로 '먼발치에서 관찰'해보기.**

내 감정과 삶의 리듬이 어떻게 달라지는지 기록해본다.

- **삶에서 꾸준히 이어진 사람에게 작은 실천을 해본다.**

-손편지 쓰기

-내가 좋아했던 기억 하나 꺼내어 말하기

-아무 이유 없는 전화 한 통

7장

죽음을 두려워하지 않는 삶

왜 우리는 죽음을 그렇게 무서워할까?

죽음은 인생의 끝이자 가장 두려운 미지의 영역이다. 태어난 이상 누구도 피할 수 없지만, 그 누구도 제대로 마주할 수 없는 두려움. 삶에서 겪는 수많은 불안의 뿌리는 결국 '죽음'이라는 단어로 수렴된다.

- '지금 이렇게 살아도 괜찮을까?'라는 조급함
- '무언가 이루지 못하고 끝나면 어쩌지?'라는 불안
- '소중한 이들과 이별할까봐'라는 상실의 공포
- '아무것도 남기지 못하고 사라질까봐'라는 공허함

죽음은 단지 '종말'이 아니라 삶의 모든 선택과 감정을 관통하는 깊은 배경의 그림자다.

죽음은 불확실성의 정점이다

우리는 알 수 없는 것을 두려워한다. 그 중에서도 가장 알 수 없는 것이 죽음이다. 그것은 누구도 경험해 이야기해줄 수 없으며, 한 번 다가오면 돌이킬 수 없고 삶의 모든 가능성을 그 순간에 닫아버린다. 에피쿠로스는 이 두려움의 정체를 정확히 분석했다. 그는 죽음이 무서운 것이 아니라 '죽음에 대해 상상하는 방식'이 우리를 괴롭힌다고 보았다.

- 그 이후엔 아무것도 없을까?
- 나는 없어지지만 기억은 남을까?
- 아플까? 무서울까? 고독할까?

이런 상상은 대부분 지금 이 순간을 잃을까봐 느끼는 불안에서 출발한다. 즉, 죽음 그 자체보다 '살고 싶은 욕망이 끊어지는 것'에 대한 거부감이 우리 마음을 흔드는 것이다.

"죽음은 우리에게 아무것도 아니다"

에피쿠로스는 당대 철학자 중 가장 명확하게 죽음을 다뤘다. 그리고 그가 남긴 가장 유명한 문장은 이것이다.

"죽음은 우리에게 아무것도 아니다."

이 문장은 처음 들으면 이상하게 느껴진다.

죽음이 아무것도 아니라니? 무섭고 치명적인 것인데?

하지만 그의 철학은 단단한 논리를 바탕으로 한다.

"우리가 살아 있을 땐 죽음은 없다. 그리고 죽음이 찾아왔을 땐 우리는 없다. 그렇다면 죽음은 언제나 우리 '밖에' 있는 것이다."

죽음은 우리가 경험할 수 없는 상태다. 고통도, 감각도, 자각도 사라진 그곳에는 '내가 느낄 수 있는 두려움의 주체'조차 없다.

"죽음이 나에게 오기 전까진 걱정할 이유가 없고, 죽음이 왔을 땐 걱정할 주체가 사라진다."

이 철학은 단지 이론이 아니다. 그는 실제로 죽음의 순간까지 평온을 유지했고 자신의 제자들에게 죽음을 두려워하지 않는 삶이야말로 가장 큰 쾌락으로 가는 문이라고 가르쳤다.

죽음을 받아들일 때
비로소 삶이 단순해진다

 죽음에 대해 끊임없이 걱정하는 삶은 결코 현재에 집중할 수 없다. 그 두려움은 매 순간을 불완전하게 만들고, 더 많은 것을 원하게 하며, 더 빨리 무언가를 이뤄야 한다는 조급함으로 바뀐다. 그러나 에피쿠로스는 정반대의 접근을 제안한다.

 "죽음을 받아들인 사람만이, 삶을 간결하고 깊게 살 수 있다."

죽음 인식은 삶의 우선순위를 바꾼다

 우리가 두려워해야 할 것은 죽음 자체가 아니라 죽음을 인

정하지 않고 사는 방식이다. 죽음을 외면한 삶은

- 불필요한 것에 집착하게 하고
- 끝없는 비교 속에 던져지게 하며
- 지금 이 순간을 미루게 만든다

에피쿠로스는 이런 삶을 '동요 속의 삶'이라 불렀다.

"죽음은 피할 수 없는데, 왜 그 피할 수 없는 것 때문에 지금을 망치는가?"

죽음을 받아들이면, 삶은 오히려 더 선명해진다. 무엇이 진짜로 중요한지 분명해지고, 버릴 수 있는 것이 늘어나고, 욕망은 정리되기 시작한다. 죽음을 의식하는 것이 삶을 무겁게 만드는 것이 아니라 오히려 삶을 가볍게 만들어주는 힘이 되는 것이다.

덜어내는 삶은 죽음을 두려워하지 않는다

에피쿠로스는 쾌락과 죽음을 떼어 놓고 생각하지 않았다.

"쾌락은 죽음에 대한 공포로부터 자유로울 때 비로소 완성된다."

죽음이 삶의 종착점이 아니라 삶의 맥락 속에 자연스럽게 포함된 것으로 받아들여질 때 삶은 더 간결해지고 모든 선택의 기준도 달라진다.

- "이 선택이 내게 정말 의미 있는가?"
- "이 감정에 계속 머무를 이유가 있는가?"
- "이 욕망은 죽음을 앞둔 나에게도 필요할까?"

이 질문 앞에서 불필요한 감정과 관계, 욕망은 저절로 정리된다. 죽음은 삶을 위협하는 게 아니라 삶을 선명하게 만드는 거울이다.

죽음을 받아들인 삶은 초조하지 않다

죽음을 외면한 삶은 늘 어딘가를 향해 쫓긴다.

- 더 높이, 더 빨리, 더 많이
- 지금이 아니면 안 된다는 압박
- 아직도 부족하다는 조급함

하지만 죽음을 자연스럽게 받아들인 삶은 시간과 욕망에서 자유로워진다. 에피쿠로스는 삶이 길어야 한다고 생각하지 않았다.

"삶은 길이보다 밀도다. 짧더라도 평온하게 살 수 있다면, 그것은 완전한 삶이다."

 죽음을 인식하는 사람은 욕망의 수치를 줄이고 지금 이 순간에 몰입할 수 있게 된다. 그리고 이 태도야말로 가장 단순하면서도 깊은 쾌락에 이르는 길이다.

지금 이 순간을 충분히 사는 법

죽음을 두려워하지 않는다는 것은 죽음을 무시하거나 망각하는 것이 아니다. 오히려 죽음을 삶의 일부로 받아들이고 그로 인해 지금 이 순간을 더 명확하게 자각하는 태도를 뜻한다.

"가장 행복한 삶은, 죽음을 걱정하지 않고 오늘을 살아가는 사람에게 있다."

이 말은 단순히 '오늘만 살자'는 즉흥적인 삶의 권유가 아니다. 그는 '지금'이라는 시간을 삶의 중심에 두었다. 왜냐하면 지금 이 순간만이 우리가 직접 체험할 수 있는 유일한 실재이기 때문이다.

내일이 아닌 지금에 충실한 사람

우리는 너무 자주 내일을 준비하느라 오늘을 잃는다.

- '언젠가는 여유가 생기면…'
- '조금만 더 성공하면…'
- '나중에 시간이 나면 제대로 쉬자…'

하지만 그 '언젠가'는 종종 오지 않는다. 그렇게 우리는 현재를 끊임없이 유예하며 삶을 '준비의 시간'으로만 채우게 된다. 에피쿠로스는 이 흐름에 제동을 건다.

"오늘 하루가 나에게 주어진 전부라면, 나는 무엇을 가장 소중히 다룰 것인가?"

이 질문은 다음과 같이 생각하게 만든다.

- 지금 내가 품고 있는 걱정이 정말 중요한지
- 지금 곁에 있는 사람을 내가 제대로 바라보고 있는지
- 지금 이 평범한 하루가 정말 하찮은지

쾌락은 순간 속에서만 발견된다

에피쿠로스는 쾌락을 감각의 철학이라 여겼다. 그는 감각은 오직 현재에만 존재한다고 보았다. 과거의 쾌락은 기억

이고, 미래의 쾌락은 상상일 뿐이다. 따라서 지금 이 순간

- 빵 한 조각을 먹는 기쁨
- 친구와 눈을 마주치는 평온
- 햇살 아래 앉아 있는 정적

이런 감각 속에서만 진짜 쾌락이 움튼다.

"삶의 기쁨은 어제도, 내일도 아닌 지금 여기에 있다. 그것을 느끼는 능력이 곧 지혜다."

이 감각의 회복이야말로 죽음이라는 종착역 앞에서도 마음이 흔들리지 않는 힘이 된다.

오늘을 충분히 산 사람은 내일을 두려워하지 않는다

우리는 내일이 불확실하기 때문에 오늘을 초조하게 산다. 그러나 에피쿠로스는 이 흐름을 반대로 보았다. 지금을 충분히 산 사람만이 내일을 덜 두려워할 수 있다.

"오늘, 단 하나의 감정을 충분히 느꼈는가?"
"오늘, 단 한 사람의 마음을 진심으로 바라보았는가?"
"오늘, 단 한 가지 욕망을 내려놓을 수 있었는가?"

이 질문에 '예'라고 답할 수 있다면, 그 사람은 더 이상 내일의 죽음에 휘둘리지 않는다. 왜냐하면 그는 이미 지금이라는 시간 안에서 완성된 삶을 살아내고 있기 때문이다.

Epicurus
【 에피쿠로스의 통찰 】

- 죽음은 감각도 자각도 없는 무(無)이며, 두려움은 상상에서 비롯된다.
- 죽음을 받아들이면 삶은 단순하고 선명해진다.
- 쾌락은 오직 지금, 살아 있는 감각 속에 존재한다.
- 오늘을 충분히 산 사람은 내일의 죽음을 두려워하지 않는다.
- 평온은 현재를 온전히 누리는 데서 시작된다.

Question

스스로에게 질문해보기

- **나는 죽음을 어떤 모습으로 상상하고 있는가?**

경험한 적도 없는 죽음을, 어떤 감정으로 바라보고 있는가?

- **죽음에 대한 두려움이 어떤 영향을 미치고 있는가?**

- 내 삶의 선택, 속도, 관계, 목표는 죽음에 대한 불안에서 비롯된 건 아닐까?

- '내일이 없다면' 나는 무엇을 우선할 것인가?

- 지금 하고 있는 일은 진짜 중요한 일인가?

- 지금 곁에 있는 사람은 내가 진심으로 연결된 사람인가?

- 나는 지금 이 순간을 얼마나 충실히 살고 있는가?

- 내 감각은 깨어 있는가?

- 내 하루는 반복이 아니라, 경험이 되고 있는가?

Action

직접 실천해보기

- 하루 1회, 아래의 문장으로 하루를 마무리해보자.

"만약 오늘이 마지막이었다면, 무엇을 다르게 했을까?"

- 하루 10분, 스마트폰 없이 오감에 집중해본다.

- 음식의 온도, 물의 감촉, 바람의 감각, 햇빛의 결

- 사랑한다는 말, 고마웠다는 말, 미안하다는 말

하루에 한 문장씩 '오늘 안에' 누군가에게 전해보자.

8장

단순한 삶이 주는 기쁨

진짜 중요한 것은 언제나 조용하다

삶이 복잡할수록 우리는 중요한 것을 놓친다. 정보가 많아질수록 내 마음은 흐려지고, 욕망이 많아질수록 지금의 만족은 줄어든다. 그러나 아이러니하게도 무언가를 '비워낸 순간' 우리는 그동안 가려져 있던 것을 선명하게 마주하게 된다. 에피쿠로스는 그 감각을 삶의 회복이라고 불렀다.

"검소한 삶은 단순한 삶이 아니라, 본질에 닿은 삶이다."

"무엇이 나에게 필요한지를 아는 사람만이, 무엇을 버려야 할지도 알게 된다."

복잡함 속에서는 본질이 보이지 않으며 현대인은 매 순간 선택의 홍수 속에 살아간다.

- 무엇을 먹을지
- 어떻게 살아야 할지
- 누구와 관계를 맺을지
- 어떤 이미지를 보여줄지

이 수많은 결정은 결국 우리를 피로하게 만든다. 우리는 알게 모르게 타인의 기준, 비교, 기대에 따라 삶의 방향을 조정하며 살아간다. 하지만 이 복잡함은 삶의 본질을 흐리게 만든다. 감각은 무뎌지고, 마음은 자주 흔들리며, 욕망은 늘 다음을 향한다.

덜어낸 사람만이, 자기 삶을 똑바로 본다

에피쿠로스는 철학이란 삶의 질문을 줄이는 기술이라고 말했다. 무엇이 중요한지를 알게 되면 더 이상 묻지 않아도 되는 것들이 생기기 때문이다.

- 더 가져야 하는가?
- 지금 이 삶으로 괜찮은가?
- 이 감정에 반응해야 하는가?

비움은 질문의 절반을 없애준다. 그리고 나머지 절반에 더 깊게 몰입하게 해준다.

"우리는 모든 걸 가졌을 때가 아니라, 덜 필요할 때 가장 자유롭다."

그 자유는 조용하다. 누군가에게 자랑할 필요도 없고, 굳이 설명하지 않아도 된다. 단지 스스로 충분한 상태 그것이 '비워낸 이후에 보이는 것'이다.

자유는 덜어낸 자의 특권이다

많은 이들이 자유를 꿈꾼다. 자유롭게 일하고, 자유롭게 사랑하고, 자유롭게 살아가고 싶어 한다. 그러나 우리는 자유를 '갖는 것'에서 찾으려 한다. 더 많은 돈, 더 넓은 집, 더 높은 자리. 이것들이 자유를 줄 것이라 믿는다.

에피쿠로스는 이 믿음에 대해 단호히 말한다.

"갖는 것으로 자유로워질 수는 없다. 덜 필요로 할 때에만 자유로워진다."

그에게 자유란 외부 조건이 아니라 내면의 상태였다.

- 욕망이 적을수록
- 감정의 파고가 잦을수록

- 기준이 단순할수록

우리는 외부로부터 더 독립적이고 내면으로부터 더 가벼워진다.

덜어낸다는 것은, 선택의 주인이 된다는 것이다

욕망이 많을수록 우리는 선택하기가 어렵다.

- 욕망이 이끄는 대로 행동하고,
- 기대에 끌려다니며,
- 타인의 시선에 흔들린다.

그 결과 우리는 '해야만 하는 삶'을 살게 된다.

- 더 많은 돈을 벌어야 하고,
- 더 인정받아야 하고,
- 더 이루어야만 한다.

그러나 덜어낸 사람은 다르다. 그는 삶의 기준을 스스로 선택한다. 무엇을 가져야 할지도, 무엇을 내려놓아야 할지도, 어디에 머물고, 어디를 떠나야 할지도 자신의 판단으로 결정한다.

"진정한 자유는 하고 싶은 것을 다 하는 것이 아니라, 하지 않아도 되는 삶을 사는 것이다."

자유로운 삶은 조용하고 견고하다

덜어낸 자는 큰 소리를 내지 않는다. 성취를 자랑하지도 않고 평온을 과시하지도 않는다. 그는 자유를 이렇게 생각했다.

- 비교를 넘어서고
- 조급함을 잊고
- 불안을 비워낸 자리에서 조용히 자란다.

에피쿠로스는 자유를 '내 욕망을 통제하는 기술'로 보았다. 욕망을 억누르는 것이 아니라 욕망을 분별하고 선택할 수 있는 능력을 갖춘 사람. 그 사람이야말로 진짜 자유로운 사람이다.

자유는 덜어낸 후에야 보인다

우리는 자유를 얻기 위해 더 많은 것을 쌓아야 한다고 착각한다. 그러나 에피쿠로스가 보여준 길은 정반대였다.

- 덜 원할 때
- 덜 비교할 때
- 덜 기대할 때

비로소 우리는 스스로의 중심에 설 수 있다. 그때 보이는 세상은 다르다. 더 선명하고, 더 단순하고, 더 고요하다.

자유는 결코 멀리 있지 않다. 다만 우리는 너무 많은 것을 쥐고 있어서 그것을 보지 못할 뿐이다.

평온은 결국 돌아가는 길이다

많은 이들이 평온을 원한다. 하지만 대부분 그것을 어디론가 도달해야 할 목표처럼 여긴다. 더 공부하면, 더 많이 가지면, 더 성공하면... 그때쯤이면 마음이 좀 가라앉을 거라고 믿는다. 에피쿠로스는 이 믿음에 대해 이렇게 말한다.

"평온은 도달하는 것이 아니라, 돌아가는 것이다."

그는 평온을 '앞으로 향하는 무언가'가 아니라 '내가 원래 갖고 있었던 감각과 질서를 되찾는 것'으로 보았다. 즉, 더 하는 게 아니라 덜어내는 일이었다. 본래 우리는 평온할 수 있는 존재였다

아기가 엄마 품에서 잠들 듯, 햇살 아래 고요히 앉아 있는

순간처럼, 어린 시절의 망설임 없는 눈빛처럼 우리는 본래 복잡하지 않았다. 우리는 단순하게 느끼고, 진심으로 반응하는 존재였다. 그러나 자라면서 우리는

- 비교하는 법을 배우고
- 무언가가 되기 위한 법을 배우고
- 남에게 보이는 방식으로 감정을 다루는 법을 배웠다.

그 과정에서 우리는 삶의 원래의 결을 잃어버렸다. 에피쿠로스는 철학을 통해 그 결을 되찾는 여정을 보여줬다.

"나는 단순한 음식을 즐기고, 조용한 대화를 사랑하며, 매일 죽음을 생각하며, 지금 이 순간을 충분히 느낀다."

이 문장은 그가 찾아낸 쾌락의 가장 깊은 얼굴. 동요 없는 마음을 담고 있다.

평온은 특별한 곳이 아니라, 익숙한 곳에 있다

많은 이들이 '지금 이 자리는 내가 있을 곳이 아니야'라고 느끼며 언제나 다른 곳, 더 나은 곳, 더 새로워야 할 곳을 찾아 떠난다. 그러나 에피쿠로스는 그 반대로 말했다.

"지금 이 자리에 안주하라는 뜻이 아니다. 이미 내 삶 속에 내가 찾는 평온이 숨어 있음을 알아차리라는 뜻이다."

그가 말하는 '돌아감'은 세상을 포기하거나 주저앉는 것이 아니다. 진짜 중요한 것을 알고 돌아갈 줄 아는 용기다.

- 내가 나로 있을 수 있는 시간
- 말하지 않아도 편한 사람
- 설명하지 않아도 괜찮은 마음
- 경쟁하지 않아도 되는 공간

그것들이야말로 우리가 찾던 평온의 실체다. 결국 삶은, 본래의 나로 돌아가는 순례인지도 모른다.

쾌락의 철학은, '조용한 귀환'이다

『미니멀리즘적 쾌락주의』의 여정은 이 문장으로 귀결된다고 볼 수 있다.

"당신은 더하지 않아도 괜찮다. 당신은 이미 괜찮은 곳으로 돌아갈 수 있다."

에피쿠로스가 강조한 쾌락은 극적인 쾌감이나 강렬한 만

족이 아니다. 그는 하루의 끝에서, 친구와 나누는 대화 속에서, 배가 적당히 부른 상태에서, 작은 고통이 사라진 그 순간 속에서 가장 순수한 쾌락이 피어난다고 믿었다.

그리고 그 순간은 언제나 '지금 여기'에 있다. 도달하는 것이 아니라 돌아가는 것. 그것이 에피쿠로스 철학이 안내하는 마지막 길이다.

Epicurus
【 에피쿠로스의 통찰 】

- 본질은 덜어낼 때 선명해진다.
- 자유는 덜 필요할 때 시작된다.
- 욕망에서 벗어난 삶이 진짜 자유다.
- 평온은 도달이 아닌 '돌아감'이다.
- 쾌락은 자극이 아닌 감각, 더함이 아닌 충분함에 있다.

Question

스스로에게 질문해보기

- **내 삶의 복잡함이 어디서 왔는지 알고 있는가?**

내 삶을 가장 무겁게 만드는 것은 무엇인가?

- **나는 지금 충분히 자유로운가?**

내 욕망을 스스로 선택하고 있는가, 아니면 습관과 타인의 기준에 의해 움직이고 있는가?

- **최근 나를 가장 평온하게 만든 순간은 언제였는가?**

그 순간에는 무엇이 없었는가?

무엇이 있었기에 평온했는가?

- **나는 지금 어디로 향하고 있는가, 아니면 어디로 돌아가고 있는가?**

더 높이, 더 멀리 가려는 중인가? 아니면 본래의 나, 내가 원했던 삶으로 되돌아가려는 중인가?

Action

직접 실천해보기

- **A4 용지 한 장에 덜어낼 것 vs 남길 것을 적어보자.**
- 내 삶에서 덜어내고 싶은 것 5가지
- 그럼에도 꼭 남기고 싶은 것 5가지

- **어떤 행위도 하지 않고, 말도 하지 않고, 오직 숨 쉬며 '존재하기만 하는 시간'을 매일 10분 가져보자.**

- **매주 한 가지, 하지 않아도 되는 일 선택해 내려놓기.**
- SNS 확인 줄이기
- 불필요한 소비 멈추기
- 습관처럼 맺는 인사 줄이기

- **'돌아가고 싶은 하루', '내가 가장 편안했던 하루'를 떠올려보자.**

9장

쾌락을 지켜내는 기술

조용한 철학이
요란한 세상에서 살아남는 법

쾌락은 고요하다. 그것은 떠들썩한 축제나, 과시적인 소비, 외적 성취 속에 있지 않다. 에피쿠로스가 말한 쾌락은 조용하고 절제되어 있으며 내면 깊숙한 곳에서 비로소 피어나는 평온함이다. 하지만 지금 우리가 살아가는 세상은 반대 방향으로 흐른다.

- 속도는 덕목이 되고,
- 자극은 가치가 되며,
- 욕망은 정상처럼 취급된다.

그런 사회에서 조용한 철학을 실천한다는 건 마치 혼자 역방향으로 걷는 것처럼 느껴질 수 있다.

왜 조용한 철학은 자꾸 밀려나는가?

에피쿠로스는 자기 철학이 당시에도 **"세속적 쾌락주의와 자극주의에 자주 오해받았다"**고 토로했다. 그는 욕망을 줄이고 고통을 피하라는 말을 했을 뿐인데 많은 사람들은 그를 향해 이렇게 말하곤 했다.

- "그건 너무 소극적인 삶이야."
- "그렇게 살면 아무것도 못 이뤄."
- "그건 현실적이지 않아."

오늘날도 마찬가지다. 우리는 '평온한 삶을 살고 싶다'고 말하면서도, 막상 그 삶을 택하면 '이탈자', '나약한 자', '느린 사람'처럼 취급당한다. 조용한 철학은 세상의 기준으로는 너무 겸손하고, 너무 단순하며, 너무 욕심이 없다. 그래서 자주 무시당하고, 쉽게 흔들린다.

어떻게 철학을 지켜낼 수 있는가?

에피쿠로스는 한 가지 중요한 훈련을 강조했다.

"하루에 단 한 번이라도, 삶의 중심을 점검하라."

그 중심이 바로 쾌락이다. 그러나 그 쾌락은 늘 확인하지 않으면 외부의 자극에 밀려 사라지기 쉽다.

- 사람들이 바라는 것과 내가 원하는 것이 다름을 인식할 것
- 모든 유혹이 나를 위한 것이 아님을 알 것
- 비교에 빠졌을 땐, 평온한 순간들을 떠올릴 것

에피쿠로스 철학은 현실과 고립되지 않는다. 오히려 현실을 '내 기준'으로 해석하기 위한 훈련이다.

"내 삶을 내가 판단할 수 있다면, 나는 이미 쾌락의 길 위에 있다."

흔들림 속에서도 중심을 지키는 법

철학은 지식이 아니라 방어력이다. 에피쿠로스는 철학을 '영혼의 의술'이라고 부르며, 불안과 고통으로부터 우리를 지켜주는 실질적 기술로 보았다.

"고요함은 지켜내야 할 상태이지, 저절로 주어지는 것이 아니다."

평온을 깨뜨리는 네 가지 장애물

현대 사회에서 쾌락을 지켜내는 데 가장 큰 방해 요소는 다음의 네 가지로 정리할 수 있다.

과잉 연결

-SNS, 메신저, 실시간 피드백

-타인의 반응에 따라 내 감정이 들쭉날쭉해짐

과잉 정보

-하루에도 수십 번 새로운 선택지가 생김

-내 삶의 방향이 흐려지고 '핵심'이 사라짐

과잉 욕망

-나도 모르게 비교·경쟁에 끌려감

-지금 가진 것의 만족을 잃음

과잉 반응

-감정적으로 즉각 반응하게 됨

-잠시 멈추고 사유할 여유가 없음

이 네 가지는 에피쿠로스 철학과 정반대의 흐름이다.

"평온은 삶의 속도보다 감정의 속도를 늦추는 데서 시작된다."

일상의 중심을 지켜내는 기술들

- 정보의 속도를 늦추는 습관

: 하루 2번만 뉴스를 확인하고, SNS를 일정 시간 잠금한다

- 욕망이 올라올 때 질문하는 습관

: "지금 이걸 원하는 이유는 나의 평온을 위한가?"

- 감정을 관찰하는 시간 만들기

: 분노, 질투, 허무감이 올라올 때 바로 반응하지 않고 5초 멈춤

- 일상에 고요를 심는 루틴 만들기

: 10분의 침묵 산책, 음악 없이 식사, 디지털 없는 밤

철학은 거창한 문장이 아니라, 삶의 중심을 되찾기 위한 아주 작은 실천에서 시작된다.

나만의 쾌락을 지키는 질문들

에피쿠로스는 철학을 '답을 주는 학문'이 아니라 '질문을 제대로 던지게 하는 기술'로 여겼다.

"지혜로운 삶은 좋은 질문에서 시작된다."

질문은 삶의 방향을 정해준다. 욕망이 올라올 때, 비교에 흔들릴 때, 누군가의 말에 감정이 출렁일 때 우리는 즉각 반응하는 대신 한 번 스스로에게 질문해야 한다.

- 지금 내가 진짜 원하는 건 무엇인가?
- 이 욕망은 평온을 키우는가, 아니면 흔드는가?
- 내가 이 선택을 하는 이유는 무엇인가?

그는 스스로에게 질문하는 습관을 통해 자기만의 쾌락 철학을 실천할 수 있었다. 그 철학은 누구에게나 적용되는 거대한 진리가 아니라 각자의 삶에 맞게 조율된 '개인화된 중심'이었다.

철학은 '정답'보다 '기준'이다

많은 사람들은 철학에서 명확한 해답을 기대한다. 그러나 에피쿠로스는 그 기대를 조용히 거부한다.

"나는 진리를 말하지 않는다. 나는 평온을 말할 뿐이다."

우리는 저마다 다른 환경에서 살고, 다른 리듬으로 욕망하고, 다른 방식으로 상처를 받는다. 그렇기에 평온을 지키는 방식도 달라야 한다. 중요한 건 '무엇이 맞는가'가 아니라

"지금 이 선택이 나의 평온을 지켜주는가?"

이 질문을 중심으로 둔다면 우리는 사회가 주입한 성공이나 행복의 정의에서 벗어나 스스로의 철학을 만들어갈 수 있다. 에피쿠로스는 매일 스스로에게 반복한 질문들이 있었다. 그 질문들이 철학의 뿌리를 만들어주었다. 당신도 삶의 순간마다 꺼내 쓸 수 있는 '나만의 질문'을 만들어보자.

- "지금 이 행동은 나를 평온하게 하는가?"
- "이 선택은 과잉의 결과인가, 본질의 추구인가?"
- "내가 기대하는 감정은 현실적인가, 과장된 상상인가?"
- "내가 내려놓으면 자유로워질 수 있는 것은 무엇인가?"
- "지금 나는 반응하고 있는가, 선택하고 있는가?"

이 질문들은 삶을 조종하려 하지 않고 그 안에서 중심을 지키도록 도와준다.

Epicurus
【 에피쿠로스의 통찰 】

- 쾌락은 조용한 평온이며, 자극에 자주 밀려난다.
- 철학은 지식이 아닌 평온을 지키는 생활의 방어력이다.
- 과잉 연결·정보·욕망·반응을 줄이는 습관이 필요하다.
- 쾌락을 위해선 욕망을 점검하는 질문이 필수다.
- 철학은 정답이 아니라 내 삶의 기준을 세우는 도구다.

Question

스스로에게 질문해보기

- **지금 나를 가장 자주 흔드는 건 무엇인가?**

비교? 감정? 불안? 타인의 기대?

- **내 삶의 '속도'를 결정하는 건 누구인가?**

나는 자발적으로 멈출 수 있는가?

- **내가 원했던 쾌락은 어떤 감정과 연결되어 있었는가?**

소유? 인정? 자유? 평온?

- **나는 어떤 질문 앞에서 평온을 되찾을 수 있었는가?**

나만의 질문 하나를 만들어보자

Action

직접 실천해보기

- **감정이 올라올 때 던질 나만의 질문을 정해보자**

"이 감정은 나를 지키는가, 흔드는가?"

- **쾌락을 지켜내는 루틴 3가지 정하기**

- 하루 10분 침묵 시간 갖기
- 욕망이 생겼을 때 '바로 구매하지 않기'
- 감정을 일기 대신 '질문'으로 기록하기

- **외부 자극을 끊는 시간 설정하기**

하루 중 정해진 시간 동안 디지털 기기 없이 혼자 있는 시간을 만들어본다.

10장

나만의 쾌락 철학을 세운다는 것

철학은 결국 '나의 문장'이 되어야 한다

철학은 책에 머물러서는 안 된다. 에피쿠로스도, 소크라테스도, 심지어 니체조차도 '철학은 읽는 것이 아니라 사는 것'이라 말했다.

"철학은 말이 아니라 실천이다."

우리는 지금까지 쾌락에 대한 오해를 바로잡고, 욕망을 구분하고, 삶을 덜어내고, 평온을 발견하는 여정을 함께 걸어왔다. 이제 그 철학을 누구의 것도 아닌 '나의 기준'으로 정립할 차례다. 철학이 '나의 문장'이 되려면 그 문장은 외워지는 것이 아니라 살아져야 한다. 왜 우리는 자기 철학이 필요한가? 현대인은 너무 많은 기준 속에 살아간다.

- 자본주의가 주입한 성공의 기준
- 가족이 기대하는 인생의 방향
- SNS가 만들어낸 욕망의 좌표

이 모든 것들이 끊임없이 말한다.

"이게 행복이야."

"이렇게 살아야 해."

"더 가져야 만족할 수 있어."

그러나 철학은 말한다.

"그 기준은 너의 것이 아니야."

"너의 삶을 너의 기준으로 살아도 돼."

자기 철학이 없는 사람은 삶의 갈림길에서 늘 남의 지도를 펼친다. 그러나 자기 철학이 있는 사람은 길을 잃지 않는다. 그는 방향을 '밖'에서 찾지 않고 '내면'에서 다시 세운다.

'나의 철학'은 어떻게 만들어지는가?

에피쿠로스는 철학을 매일 묻고, 매일 쓰는 과정으로 여겼다. 그는 제자들에게 이렇게 말했다.

"철학을 너의 언어로 다시 써라. 철학은 스승의 말이 아닌,

너의 일상 안에서 완성된다."

따라서 우리가 지금 해야 할 일은 지금까지의 철학을 단 하나의 문장으로 정리하는 것이 아니다. 오히려 아래와 같은 다양한 방식으로 자기 삶에 묻고, 살아내는 것이다.

- 어떤 쾌락을 가장 오래 기억하고 싶은가?
- 어떤 욕망을 반복하지 않기로 결정했는가?
- 어떤 순간에 평온을 느꼈고, 그것을 어떻게 지켜낼 것인가?

이러한 질문들이 반복되면, 당신의 철학은 어느새 당신의 말투, 당신의 선택, 당신의 하루에 스며든다.

쾌락의 기준, 삶의 루틴으로 만들기

철학은 선언으로 끝나지 않는다. 철학은 루틴이 되어야 하고, 루틴은 나의 리듬이 되어야 한다. 에피쿠로스는 자신만의 쾌락 루틴을 가지고 있었다.

- 아침마다 삶의 중심을 묻고
- 식사 후 사유의 시간을 가지며
- 친구들과의 대화를 통해 감정을 정화하고
- 매일 저녁, 하루 동안의 감정과 욕망을 점검했다.

그는 철학을 실천할 수 있었던 이유는 자기만의 리듬을 만들었기 때문이다.

* 나만의 쾌락 루틴 만들기

철학을 루틴으로 만드는 첫걸음은 '나를 가장 평온하게 만든 순간들'을 기억하는 것이다.

예를 들어:

- 아침의 침묵 10분
- 식사 중 핸드폰 없이 머물기
- 하루의 끝에서 '내가 흔들리지 않았던 순간' 적기
- 누군가에게 고마움을 전하는 메시지 쓰기
- 혼자 있는 시간을 '회피'가 아닌 '회복'으로 보기

이러한 반복은 행동을 기준으로 바꾸고 기준을 철학으로 다져준다.

* 철학적 하루 구성법 (예시)

시간	실천	철학적 의미
아침	5분간 삶의 질문 쓰기	중심을 세우는 시간
점심	혼자 먹는 식사 속 침묵	감각을 회복하는 시간
오후	감정 흔들림 점검하기	반응 대신 관찰을 선택
저녁	오늘의 쾌락 기록하기	하루의 흐름 정리하기

당신만의 방식으로 구성해도 좋다. 중요한 것은, 삶을 다시 '느리게, 진짜로, 나답게' 만드는 루틴을 갖는 것이다.

철학을 꺼내 쓰는 순간들

철학은 일상에서 비로소 진짜가 된다. 그것은 조언을 줄 때가 아니라, 내가 흔들릴 때 스스로에게 말할 수 있어야 진짜가 된다.

에피쿠로스는 철학을 마음의 약상자에 비유했다.

"고통이 찾아왔을 때, 꺼내 쓸 수 있는 문장이 진짜 철학이다."

흔들릴 때 꺼내야 할 문장들

- "지금 느끼는 불안은 욕망의 과잉에서 왔다."
- "이 감정은 내가 선택한 것이 아니다. 지금은 관찰할 때다."

- "나는 지금, 반응이 아닌 선택을 하기로 한다."
- "이 평온함을 지키는 일이 지금 가장 중요하다."
- "욕망을 비우면, 나는 다시 자유로워질 수 있다."

이런 문장들이 내 안에 자라나면 우리는 철학서를 펼치지 않고도 철학을 살아갈 수 있게 된다.

철학은 가장 조용한 방식으로 우리를 지킨다

삶은 여전히 불완전할 것이고, 우리는 때때로 흔들릴 것이다. 하지만 이제는 흔들릴 때마다 다시 돌아갈 중심이 있다. 그 중심이란 이런것이다.

- 내가 선택한 평온의 기준
- 내가 정리한 욕망의 목록
- 내가 만들어낸 철학의 문장

이것이 바로 나만의 쾌락 철학'이다.

Epicurus
【 에피쿠로스의 통찰 】

- 철학은 외우는 말이 아니라, 매일 살아내는 태도다.
- 남의 기준이 아닌 나만의 질문과 기준으로 삶을 설계해야 한다.
- 평온했던 순간들을 루틴으로 만들면 그것이 곧 나의 철학이 된다.
- 흔들릴 때 꺼내 쓸 수 있는 '나만의 문장'이 철학의 중심이 된다.
- 완벽하지 않아도 스스로 선택한 기준이 있으면 삶은 덜 흔들린다.

Question

스스로에게 질문해보기

- **지금 내 삶의 방향은 누가 세운 것인가?**

외부 기준이 아닌, 내 기준으로 선택하고 있는가?

- **내가 지키고 싶은 평온은 어떤 모습인가?**

그 평온을 위해 반복하고 싶은 루틴은 무엇인가?

- **삶이 흔들릴 때마다 돌아갈 수 있는 내 문장은 무엇인가?**

그 문장을 떠올리면, 나는 중심을 되찾을 수 있는가?

- **지금 이 순간, 철학은 나의 말투, 행동, 하루 안에 얼마나 스며들어 있는가?**

Action

직접 실천해보기

- 지금까지 인상 깊었던 철학 문장 3개를 정리하고, 그 옆에 '내 삶에서는 어떤 의미였는가?'를 적어보자

- 아침/점심/저녁의 루틴을 적고, 하루에 하나씩 체크하기

- '오늘 내가 선택한 쾌락' 기록하기
- 오늘 나는 이 말에 반응하지 않았다.
- 오늘은 혼자 걷기로 했다.
- 오늘은 덜어내기로 했다.

- 평온이 무너졌을 때 꺼내 쓸 문장 만들기

예: "잠깐 멈추고, 다시 선택하자."

epílogos

에필로그

에피쿠로스와 소로의
철학 대담

....

epílogos

에피쿠로스와 헨리 데이비드 소로의 철학 대담

《쾌락과 평온 그리고 자연과 자유에 대하여》

Q. 불필요한 것을 덜어낸 삶은 정말 풍요로운가?

- 에피쿠로스 :

소로 씨, 우리는 서로 다른 시대를 살았지만, 이 질문 앞에서는 꽤 오랜 친구가 된 느낌이군요.

"불필요한 것을 덜어낸 삶은 정말 풍요로운가요?"

많은 사람들은 덜어낸다는 것에 대해 '포기'나 '결핍'으로 느끼곤 합니다. 하지만 당신은 월든 호숫가에서 그 반대의 것을 발견했지요.

- 소로 :

네, 결핍이 아니라 '회복'이었습니다. 덜어내자마자 느껴진 건 공허함이 아니라 지각의 회복이었어요. 숲의 공기 냄새가 더 뚜렷해졌고, 물을 긷는 감각이 다시 살아났습니다. 가진 것을 줄였더니 오히려 삶의 감도가 높아지더군요. 풍요란 결국 내가 얼마나 깊이 느끼는가의 문제 아닐까요?

- 에피쿠로스 :

동의합니다. 많은 이들이 **"갖고 있으니 편하다"**고 말하지만, 저는 오히려 **"덜어내야 평온하다"**고 말합니다. 쾌락이란, 어떤 대상에서 오는 게 아니라 더 이상 그것을 갈망하지 않아도 되는 상태에서 비로소 피어나는 감정이니까요.

- 소로 :

결국 중요한 건 얼마나 '많이' 가지느냐가 아니라 무엇이 없어도 '괜찮을 수 있는가' 그 질문 아닐까요?

- 에피쿠로스 :

그 질문을 품은 삶, 저는 그것이야말로 철학이라고 생각합니다.

Q. 자연 속에 머문다는 것은 무엇을 의미하는가?

- 에피쿠로스 :

이번에는 좀 더 구체적인 장소에 대해 얘기해보죠. 저는 '정원'에서 철학을 가르쳤고, 당신은 '숲속 오두막'에서 사유했죠. 자연은 당신에게 어떤 공간이었습니까?

- 소로 :

저는 자연을 피난처가 아닌 거울이라고 생각합니다. 숲 속에 오래 머물다 보면, 자연은 묻지요.

"너는 지금 제대로 숨 쉬고 있는가?"

도시의 소음 속에서는 잊고 지냈던 질문들이, 자연 속에서는 너무도 또렷이 들려옵니다. 저는 그 속에서 내 삶의 중심을 다시 확인할 수 있었습니다.

- 에피쿠로스 :

정원도 마찬가지였어요. 우리는 거창한 강의실 대신, 햇살과 흙과 채소가 있는 곳에서 나누었습니다. 감자 하나를 반으로 잘라 친구와 나눌 때의 기쁨. 그게 철학이었습니다. 자연은 삶을 복잡하게 가르치지 않습니다. 단지 '지금 여기 있음'의 감각만 충실하게 되살려주죠.

- 소로 :

맞습니다. 자연은 우리에게 삶의 속도를 되돌려주고, 그 속도에 맞게 살아도 괜찮다고 말해줍니다. 그걸 잊지 않는 한, 우리는 길을 잃지 않아요.

Q. 진짜 자유란 무엇인가?

- 에피쿠로스 :

소로 씨, 이 대담의 마지막 질문을 드리죠.

"진짜 자유란 무엇인가요?"

자유라는 단어는 시대마다 다르게 쓰였지만, 우리 둘 모두 바깥의 조건이 아닌, 안쪽의 질서에 주목했죠.

- 소로 :

저는 자유를 이렇게 정의하고 싶습니다.

"굳이 설명하지 않아도 되는 상태."

스스로 어떤 선택을 하더라도 그게 누구의 눈치를 보지 않아도 되는 상태, 그게 자유 아닐까요? 나는 자연을 선택했고, 도시를 떠났고, 홀로 머물렀습니다. 그 모든 선택은 설명되지 않아도 괜찮았습니다.

- 에피쿠로스 :

저는 자유를 욕망의 통제로부터의 자유라고 말해왔습니다. 사람들은 '하고 싶은 걸 다 하는 것'을 자유라 생각하지만, 진짜 자유는 하지 않아도 되는 상태 아닐까요?

- 소로 :

예. 남들이 가진 것을 따라가야 한다는 압박에서 벗어나 내가 무엇을 지켜야 하는지 아는 삶, 그게 진짜 자유죠. 그리고 그 자유는 평온을 동반합니다. 평온은 언제나, 자유의 속도와 닮아 있으니까요.

이렇게 서로 다른 시대를 살았던 두 철학자의 대화는 결국 한 곳으로 수렴됩니다.

쾌락은 절제가 만들어내고,

자연은 중심을 되찾게 하며,

자유는 욕망을 덜어낸 자의 것이라는 사실.

그 조용한 진실을 당신의 오늘 속에서도 한 번쯤 꺼내어 생각해볼 수 있다면, 그것으로 이 대담은 충분히 의미 있을 것입니다.

『미니멀리즘적 쾌락주의』는

거창한 이론이 아니라
자기 삶에 조용히 스며드는 태도입니다.

이제 철학은 책 밖으로 나가,
당신의 하루 속에서
당신만의 리듬으로 걸어갈 것입니다.

고요하게, 그러나 단단하게.
당신의 쾌락은 이제, 당신만의 것입니다.

미니멀리즘적 쾌락주의

초판 1쇄 발행 2025년 7월 11일

원저자	에피쿠로스
지은이	제이한 (J. Han)
발행인	박용범
펴낸곳	리프레시

출판등록	제 2015-000024호 (2015년 11월 19일)
주소	경기 의정부시 서광로 135, 405호
전화	031-876-9574
팩스	031-879-9574
이메일	mydtp@naver.com

편집책임	박용범
디자인	리프레시 디자인팀
마케팅	JH커뮤니케이션

ISBN 979-11-992340-6-2

* 이 책에 실린 글과 사진의 무단 전재나 복제를 금합니다.